CONTENIDO

En *e625.com/extras* encontrarás para cada capítulo
***Preguntas para la reflexión personal o para
conversar en grupos pequeños.***

HIJOS GRANDES

CÓMO LOGRAR VÍNCULOS SANOS MIENTRAS SE INDEPENDIZAN...

JIM BURNS
CON FÉLIX ORTIZ

Dedicado a Randy y Susan Bramel.

Gracias por su inspiración
y su mentoría en mi vida.
Gracias por su liderazgo en HomeWord.
Más que nada, gracias por ser
"la generación de transición"
para sus hijos y para
los hijos de sus hijos.

e625.com

HIJOS GRANDES
e625 - 2024
Dallas, Texas
e625 ©2024 por Jim Burns con Félix Ortiz

Todas las citas bíblicas son de la Nueva Biblia Viva (NBV) a menos que se indique lo contrario.

Traducción: Rocky Grams
Edición: María Gallardo
Diseño de portada e interior: Rodrigo Pauloni @brow.creativo

ISBN: 978-1-954149-40-3

IMPRESO EN ESTADOS UNIDOS

PREFACIO

Dos experiencias clave me obligaron a escribir este libro. La primera en una conferencia cristiana de liderazgo y la otra en una serie de grupos de enfoque.

Mis buenos amigos Dan y Pam Chun, quienes lideran HIM (Hawaiian Island Ministries) me invitaron a hablar sobre el tema "Ser padre de tu hijo adulto" en su conferencia anual de liderazgo en Honolulu. Tengo que admitir que, a pesar de lo mucho que amo a Dan y a Pam, me reí y les dije: "No tengo nada para ofrecer sobre el tema de ser padres de un hijo adulto y, francamente, Cathy y yo necesitaríamos desesperadamente asistir a ese seminario". Pero los Chun se rehusaron a aceptar un no como respuesta, y finalmente accedí a desarrollar un seminario para la conferencia.

Abrí mi sesión con estas palabras: "Si tú te pareces en algo a mí, entonces ser padre de un hijo adulto es probablemente mucho más complicado de lo que jamás hubieras imaginado. La mayoría de nosotros tenemos hijos adultos que han violado nuestros valores y han escogido un camino diferente del que nosotros hubiéramos escogido para ellos". La audiencia entera suspiró con pesar, en un doloroso reconocimiento de que esto era verdad. Nunca he recibido una reacción similar. Parecía que casi todos los asistentes al seminario estaban navegando historias complejas y vivían con sentimientos encontrados acerca de lo que es ser padres de un hijo o hija que ya ha crecido y ahora es grande. Supe que había tocado un tema importante cuando, al finalizar el seminario, pasé dos horas y media escuchando, una tras otra, distintas historias de esas dificultades.

Unos años después del seminario en Honolulu, HomeWord organizó siete grupos de enfoque con padres de hijos adultos. Nuestra meta era escuchar a los padres y conocer sus necesidades. En seis de los siete grupos de enfoque, al menos uno de los padres se derrumbó y lloró. Y aunque no todos los participantes tenían el corazón roto, escuché muchas historias dolorosas de hijos grandes que estaban violando la fe y los valores familiares, viviendo con sus parejas sin casarse, luchando con adicciones, divorciándose, experimentando confusión de género, sufriendo complicaciones financieras o fallando en despegar. Algunos de estos padres se culpaban a sí mismos, mientras que otros culpaban a sus cónyuges, a sus excónyuges, o a la influencia corrosiva de la cultura contemporánea. Después de experimentar las emociones intensas y el interés extremo de aquellas personas en los grupos de enfoque, entendí que mi experiencia en Honolulu no había sido una casualidad. Tenía que escribir este libro.

Me he pasado los últimos años investigando sobre este tema tan complejo, escuchando a muchas personas y conversando sobre estas cuestiones tanto con padres como con hijos grandes. Cathy y yo hemos puesto en práctica los principios de estas páginas en nuestra propia familia. Mi objetivo ha sido escribir un libro que eche luz sobre el tema y que a la vez aliente la esperanza. Un libro práctico y que pueda transformar vidas. Tendrás que hacerme saber qué opinas luego de leerlo.

GRACIAS

A Cathy, por el increíble ejemplo que eres para nuestras hijas —y ahora para nuestros nietos— de una fe constante y un amor duradero. Sé que soy un hombre muy bendecido. ¡A Christy, Rebecca, y Heidi, por permitirnos "experimentar" con ustedes nuestras habilidades como padres! Se han convertido en adultas maravillosas.

A Randy Bramel, Tom Purcell, Rod Emery y Terry Hartshorn. Espero con ansias el pasar tiempo con ustedes cada martes por la mañana, y he aprendido tanto de sus vidas.

A Cindy Ward, por los más de catorce años que llevamos trabajando juntos, por tu incansable ética de trabajo y por el increíble ejemplo que eres de una vida bien vivida.

A Greg Johnson, por tu amistad y por ser un representante literario de categoría mundial.

A Sandy Vander Zicht, por tu distinguida carrera en el mundo editorial. Estoy tan agradecido y me siento tan honrado de haber tenido la oportunidad de trabajar contigo en este proyecto.

Al equipo de e625 por el trabajo en la edición en español y en especial a Félix Ortiz, por contextualizar con sus aportes esta importante conversación.

asista más a la iglesia".
> "¡¿En qué me equivoqué?!".

¿Puedes identificarte con algo de esto? Si es así, quiero que sepas que no estás para nada solo, y que las páginas que siguen se escribieron pensando en ti. Y aunque este libro no puede hacer desaparecer mágicamente cualquier problema que tengas con tu hijo adulto, espero que te dé la perspectiva, el entendimiento y la guía práctica que necesitas para hacer avanzar la relación en una dirección positiva. Abordaremos algunas de las cuestiones más difíciles y que más a menudo enfrentan los padres que se encuentran luchando con sus hijos adultos. Y exploraremos nueve principios que pueden ayudarte a lidiar con estos temas espinosos de maneras productivas.

Es importante para mí que sepas que estos nueve principios no son solo teoría abstracta. Fueron desarrollados y aplicados principalmente en el laboratorio de vivir mi propia vida con mis hijas ya grandes. Aunque mi profesión me ha dado una plataforma desde la cual puedo escribir y hablar sobre temas como ser padres, el matrimonio y las relaciones interpersonales, este es un libro mucho más personal. Yo quería llegar a descubrir cómo ser el mejor padre posible para mis hijas adultas, que son mi gozo más profundo y mi mayor desafío. En esta etapa de mi travesía hay mucho más gozo que desafío, pero no siempre ha sido así.

Los temas que se tratan en este libro provienen de nuestros propios desafíos como padres, así como de los desafíos de miles de padres que han compartido sus historias conmigo. Al escuchar historia tras historia, empecé a detectar patrones y puntos en común.

Cuando me puse a buscar fuentes, me sorprendí al descubrir que, en comparación con la literatura disponible para los primeros años de paternidad o maternidad, hay relativamente muy poca literatura disponible sobre los desafíos que implica ser padres de un hijo ya grande. ¡Sin embargo, pasaremos más tiempo siendo padres de un hijo adulto que siendo padres de un niño o de un adolescente!

Mientras escribía este libro, mantuve una vieja taza de Starbucks sobre mi escritorio. Era un recordatorio para mí de que quería que estas páginas se leyeran más como una conversación entre dos amigos hablando sobre sus hijos, que como un experto recitando un monólogo plagado de consejos. Los amigos se cuentan historias y comparten sueños. Los amigos se dan ideas y se confiesan preocupaciones. Los amigos se dan esperanza y ánimo. Y a menudo he dicho que "las personas aprenden mejor cuando *ellas* hablan, no cuando hablo yo".

Si estuviéramos sentados tomando un café, podríamos tener una gran conversación. Pero como no podemos sentarnos juntos, he creado preguntas para la reflexión correspondientes a cada capítulo que puedes usar por tu cuenta o conversar sobre ellas con tu cónyuge o en un grupo pequeño. Encuéntralas en **e625.com/extras**.

Mi objetivo es darte esperanza y aliento en tu viaje. Al igual que Cathy y yo, es posible que tengas noches en las que te quedes despierto preguntándote: *¿Qué rayos está pasando con mi hijo?* Hoy, ahora que nuestras hijas han crecido, estamos experimentando la increíble alegría de ser abuelos, y hemos logrado pasar exitosamente desde una relación adulto-niño con nuestras hijas, a nuestro sueño de una relación adulto-adulto con ellas. ¿Ha sido fácil? Para nosotros, la verdad es que no. ¿Nos han ayudado estos principios? Sí, enormemente. Mi oración es que estas páginas te animen a creer que los nuevos tiempos que comienzan cuando tus hijos ya son grandes pueden llegar a ser los mejores años de tu relación.

Hola, soy Félix Ortiz y en estos espacios sumaré mis comentarios.

Suscribo totalmente las palabras de Jim. Hay un dicho que afirma: "Hijos pequeños, problemas pequeños; hijos grandes, problemas grandes". Siempre hay motivos de preocupación con los hijos en edad adulta: las decisiones que toman, los trabajos que escogen, las relaciones que establecen... Luego llegan sus hijos, nuestros nietos, y plantean nuevos retos para nosotros al observar cómo educan o dejan de educar, si transmiten la fe o no lo hacen. Cada etapa de la vida de nuestros hijos nos presenta desafíos para nuestro propio crecimiento y dependencia de Dios.

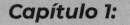

Capítulo 1:

¡Estás despedido!

Principio 1:
Tu rol tiene que cambiar.

> *"Sé amable con tus hijos adultos. Es muy probable que ellos sean quienes te quiten las llaves del coche y te lleven a un asilo de ancianos".*

No sé cómo habrá sido en tu caso, pero cuando nuestras tres hijas empezaron a convertirse en adultas, no teníamos idea de los cambios que vendrían. Para el momento en que nuestras niñas empezaron a cumplir poco más de veinte años de edad, ellas empezaron a avisarnos de una u otra manera que ahora ya eran grandes, a pesar de que, desde nuestra perspectiva, no siempre estaban demostrándolo con sus acciones. Querían que las tratáramos como adultas, pero todavía dependían casi totalmente de nuestros ingresos y estaban tomando decisiones con respecto a su estilo de vida que chocaban con nuestros valores. "Yo pensaba que la vida iba a ser más fácil y menos complicada cuando nuestras hijas crecieran," dijo cierta vez mi esposa.

> *De manera consciente o inconsciente, los padres nos formamos expectativas acerca de cómo ha de ser la evolución de la vida de nuestros hijos. Es inevitable y, consecuentemente, comenzamos a experimentar tensiones, miedos y crisis cuando comenzamos a ver que esas expectativas tal vez no se van a cumplir. Sacar a la luz esas expectativas, hablarlas como matrimonio y comentarlas con Dios nos puede ser de gran ayuda para gestionarlas.*

A lo largo de la última década, muchas personas me han dicho que ser padres de un hijo grande no fue como ellos lo esperaban. Una mujer citó una frase de la película *Hitch* en la cual, después de una experiencia desastrosa con una cita romántica, el personaje principal dice: "En mi mente imaginé que eso iba resultar de otra manera". ¿Qué padre de un hijo adulto no ha dicho algo similar? Algunos hijos que ahora viven en cuerpos adultos siguen actuando un poco como niños. O por lo menos eso es lo que piensan sus padres.

Ahora, aquí viene la buena noticia: la mayoría de los hijos adultos eventualmente llegan a ser responsables e independientes. Es posible que caminen en zigzag durante sus primeros años de adultez, dando algunos pasos hacia adelante y algunos hacia atrás, y es posible que haya algún giro en U o algunos arranques en falso a lo largo del camino, pero eventualmente sucede. El desafío consiste en que parece que llegar a ser adultos le está llevando más tiempo a esta generación que a cualquier otra generación anterior. Y esa transición más lenta no resulta fácil ni para los padres ni para los hijos.

Según el Organismo Internacional de Juventud para Iberoamérica, en este escenario la emancipación juvenil ocurre, en promedio, a los 28 años. En Brasil las personas jóvenes se independizan a los 25 años, en Colombia y Chile a los 27 años, en Argentina también a los 28 años y en Perú, como en España, a los 29 años. Estas cifras son prepandémicas, es posible que, como ha pasado en España, la edad actual de emancipación se haya retrasado.

Aunque tú y tu hijo están avanzando por senderos distintos, también están en una travesía paralela que consiste en reinventar su relación. Es mejor si navegan juntos, pero ninguno de ustedes ha estado aquí antes, e incluso si ya has logrado hacer esta transición con un hijo, tu próximo hijo probablemente abordará la transición hacia la adultez de una manera diferente que su hermano. Tal vez te encuentres con algún tipo de obligación parental "cotidiana" que se prolongue más allá de la marca de los dieciocho años, o incluso más allá de los veinticinco o los treinta, especialmente si tu hijo o hija regresa a vivir nuevamente en tu casa por alguna razón. Sin duda experimentarás consternación si tus hijos ya crecidos violan tus valores o viven de una manera distinta a la que fueron criados, pero tu meta debe seguir siendo la misma: ayudarlos a transicionar hacia una adultez responsable. Para lograrlo, en primer lugar necesitarás comprender tu descripción de trabajo anterior como padre o madre... y luego deberás crear una descripción nueva.

TU DESCRIPCION
DE TRABAJO ANTERIOR

Cuando nuestras hijas eran más pequeñas, mi esposa Cathy y yo nos sentíamos bastante cómodos en nuestros roles parentales. No siempre fue fácil, y hubo algunos baches en el camino, pero durante las primeras dos décadas tuvimos bastante claro cuál era nuestro trabajo. Nosotros estábamos en control, y era nuestra responsabilidad bien definida cuidar, educar y proveer para nuestras hijas. Y aunque ellas estuvieran en desacuerdo, sabían que, en última instancia, nosotros éramos la autoridad.

Luego llegó de repente la edad adulta, y no estábamos preparados... En nuestro caso, sucedió el día en que cada una de nuestras hijas se mudó de casa a la universidad. En ese momento empezaron a fijar sus propios horarios, a tomar decisiones respecto a viajes con los cuales no siempre estábamos de acuerdo, y a gastar dinero en cosas y en experiencias que nosotros hubiéramos desaprobado solo unos pocos meses atrás. Para ellas, asistir a la iglesia era ahora una opción más que un compromiso. Cathy y yo nos dimos cuenta de que estábamos perdiendo una parte de nuestra descripción de trabajo que nos gustaba, que era el control. En un período muy breve de tiempo, pasamos de tener una participación diaria en las vidas de ellas, y de tener un rol parental activo y práctico, a una forma de ser padres más intermitente y distante. La mayoría de las transiciones son difíciles, y descubrimos que esta transición que implicaba dejar nuestra antigua descripción de trabajo era especialmente desafiante.

William Bridges, quien ha dedicado su vida al estudio de las transiciones, nos enseña que la transición es el desarrollo de una nueva identidad y, como consecuencia, exige de nosotros discernimiento para decidir qué dejamos atrás de la vieja identidad, qué mantenemos y qué debemos incorporar en la nueva.

Es importante que reconozcas cuál era tu antigua descripción de trabajo como padre o madre, para que puedas dejarla a un lado. Ese es el único modo de hacer lugar para la nueva. También es importante que sepas que esta transición de pasar de estar involucrado cotidianamente y de manera práctica en sus vidas a tener una participación más intermitente, probablemente será un cambio más fácil para tus hijos que para ti. Prepárate para tener un período de transición dentro de tu transición. En nuestro caso, lo vimos como una danza única y un poco incómoda, en la cual ni nosotros ni nuestras hijas conocíamos los movimientos correctos. Hubo muchas ocasiones en las que en ese baile nos pisamos los pies, y también tuvimos que renegociar ciertos límites, hasta que encontramos el ritmo correcto para danzar juntos. Y justo cuando pensábamos que estábamos haciéndolo bien con una hija, la siguiente partió hacia la universidad y tuvimos comenzar la incómoda y extraña danza otra vez...

En muchos de nuestros países hay una complicación añadida porque, si vivimos en grandes ciudades, habitualmente nuestros hijos no se marchan de la casa para ir a la universidad, sino que siguen viviendo en la casa

que jamás haya tenido que realizar, y que necesito tu guía y tu entendimiento. En todas las cosas, ayúdame a amar a mis hijos como tú los amas: generosamente y con gracia. Amén.

A pesar de que no existen fórmulas ni modelos de descripción de trabajo para lograr la transición hacia una relación de adulto a adulto con tu hijo, Cathy y yo descubrimos algunas estrategias significativas que pueden ayudarte en el camino. Nosotros las llamamos "nuestros principios guía", y tuvimos que recordarlos o consultarlos muy a menudo, especialmente al comienzo de la transición. Cuanto antes puedas abrazar tu nuevo rol e incluso hacer el duelo por la pérdida de tu antiguo rol, mejor será para todos. Aquí te presentamos cuatro estrategias para ayudarte a abrazar tu nueva descripción de rol:

1. Sé alentador pero no entrometido. Eres un consultor cuando él o ella lo deseen. Tu tarea es brindarle cariño y apoyo a tu hijo, mentorearlo solo cuando te lo pida y ser un alentador entusiasta. No seas como aquella madre que le dijo a su hija: "Amor, ponte tu abrigo. ¡Hace frío afuera!". Su hija, que era vicepresidenta de una exitosa compañía tecnológica, le respondió: "¡Mamá, tengo cuarenta y cinco años, y puedo decidir por mí misma cuándo me pongo un abrigo!". Su madre simplemente añadió: "Aún sigo siendo tu madre y debes escucharme". Por más bienintencionada que pueda haber sido esa madre, su hija la consideró entrometida.

Ser entrometido significa meterte en la vida de tu hijo en maneras que no son bienvenidas, o para las cuales no recibiste ninguna invitación. No serlo significa promover a tu hijo al estatus de "adulto pleno" y desarrollar con él una nueva relación de adulto a adulto, al mismo tiempo que sigues siendo de aliento y apoyo. Una de las maneras en las que Cathy y yo aprendimos a ser de aliento es mordiéndonos la lengua y evitando decir todo lo que nos venía a la mente. En lugar de verbalizar cada cosa con la que no estábamos de acuerdo, nos enfocamos en alentar todo aquello que sí nos gustaba.

Mi amigo Rob resume esta idea de ser alentadores en vez de intrusivos de la siguiente manera: "Debes ganarte el derecho a ser escuchado". Rob estaba preocupado por las decisiones de su hija, Angela, respecto a su estilo de vida. En una charla que tuvieron, él sacó la "lista de preocupaciones de papá" y las fue recorriendo, una por una. Es obvio que esto no fue muy bien recibido por ella. ¿El resultado? Lágrimas y enojo. Cuanto más expresaba él su desaprobación, más se alejaba Angela de lo que alguna vez había sido una relación cercana. Así que cambió su estrategia. Un día le hizo una llamada y dijo: "¿Te gustaría ir a hacer snowboarding juntos por un par de días?". A Angela le encantaba el snowboarding y Rob pensó que aceptaría de inmediato, pero sin embargo ella dudó antes de aceptar la invitación. Obviamente, no quería que se repitiera su conversación anterior.

Un día antes de ir a buscar a su hija, Rob sintió la tentación de escribir otra lista de preocupaciones que quería comentarle. Pero, en cambio, decidió emplear toda su energía en simplemente disfrutar el tiempo con ella y en alentarla. Aunque seguía teniendo motivos de preocupación, también tenía razones valederas para afirmarla. Rob y Angela disfrutaron de un maravilloso fin de semana juntos, riéndose, compartiendo y comiendo buena comida. Aun así, mientras Rob volvía manejando hacia su casa después de dejar a su hija, él se preguntaba si había hecho lo correcto al no hablar con ella acerca de sus preocupaciones.

Rob no tuvo que preguntárselo demasiado. En el momento en que entraba el auto, recibió el siguiente texto de Angela: "Papá, ¡este fue uno de los mejores tiempos que pasé contigo! Muchas gracias por el snowboarding y por las excelentes comidas. Te amo tanto. Ah, y además, sé que probablemente tenías tu 'lista de preocupaciones de papá' contigo, y quisiera informarte las novedades". Luego Angela prosiguió contándole a su padre que estaba realizando algunos cambios en muchas de las áreas que eran una preocupación para él. Actualmente ella está felizmente casada y sigue en una relación muy cercana con su padre, que se ha transformado en un mentor para ella. Él escogió ser de aliento y no indiscreto, y los resultados fueron dobles: se ganó el derecho a ser escuchado y desarrolló una relación más positiva y de confianza con su hija.

Ser de aliento en vez de ser entrometido es una de esas disciplinas en las cuales es posible que te encuentres a ti mismo dando cuatro pasos hacia adelante y luego uno o dos pasos hacia atrás. En nuestros corazones todos sabemos que dar aliento es más eficaz que ser entrometidos, pero esto no siempre es fácil de llevar a cabo. Así que, sé bondadoso contigo mismo si de repente te encuentras regresando a los hábitos anteriores, pero practica la disciplina del aliento. Encontrarás una respuesta mucho más positiva con la afirmación que con la intromisión.

Sin agenda. Con esto quiero expresar mi actitud cuando decido pasar tiempo con mis hijos ya adultos, casados y con sus propios hijos. No tengo ningún objetivo en mente, tan sólo estar con ellos y disfrutar con ellos y de ellos, porque dedicar tiempo es una forma de amar. Al no tener expectativas no siento presión ni tensión.

2. Demuestra cuidado, pero no fomentes la dependencia. Existe una gran diferencia entre demostrar cuidado y fomentar la dependencia. Claro está que nuestro nuevo rol incluirá el cuidado amoroso, pero no se puede transformar en la clase de cuidado que mantiene a tu hijo dependiente de ti. Algunos padres conservan las riendas apretadas porque, sin darse cuenta, están luchando con su propia necesidad de ser necesitados. En otros casos sus motivaciones pueden ser admirables, pero de todos modos el cuidado que fomenta la dependencia no es saludable.

Tomemos como ejemplo a Juan y Silvia. Ellos sacaron dinero de los ahorros que tenían para su jubilación, con el objetivo de darles un préstamo a su hijo y a su flamante esposa

> *Existe una gran diferencia entre demostrar cuidado y fomentar la dependencia.*

para que se compraran una casa muy linda. Esa parece una acción de mucho amor, pero ellos no contaban con ese dinero extra. No les sobraba. Ahora están sufriendo y atravesando situaciones de escasez, mientras su hijo y su nuera disfrutan de una casa que en realidad ni ellos ni sus padres se podían permitir. De manera que ellos también están ayudando a cubrir los pagos mensuales para evitar que su hijo y su nuera pierdan la casa. Juan y Silvia veían su préstamo como una demostración de cuidado y amor hacia su hijo y su nuera, pero la verdad es que estaban fomentando la dependencia. Si pudieran volver el tiempo atrás, no usarían los ahorros destinados a su jubilación para comprarles una casa de ensueño que ellos no podrían solventar solos. Este es un ejemplo clásico de una acción generosa que produce un resultado opuesto al deseado, y es lo que sucede cuando se confunde el cuidado amoroso con fomentar la dependencia.

Entonces, ¿qué otra cosa podrían haber hecho Juan y Silvia? Podrían haber permitido que sus hijos aprendieran qué es la gratificación dilatada al decirles que no respecto al dinero para el pago inicial de la casa. O podrían haber accedido a ayudarles en el pago inicial, pero de una casa más modesta, de modo que su hijo y su nuera pudieran cubrir luego las cuotas con sus ingresos. La mejor decisión siempre es la que no fomenta la dependencia.

Tu rol como padre o madre es preparar a tus hijos para la vida adulta y luego dejarlos en libertad. Seguirás siendo su padre o madre, y eso nunca cambiará, pero la relación debe transicionar desde la dependencia hacia un estado de mayor empoderamiento y madurez para tus hijos. La independencia es la meta. E independencia significa que tus hijos, cuando sean grandes, pasen a tomar plena responsabilidad por sus finanzas, sus acciones, sus relaciones interpersonales, su crecimiento y su desarrollo.

3. Invierte en tu salud emocional, física y espiritual. Brenda y su esposo, Ted, estaban sentados en mi oficina con sus corazones hechos pedazos. Su hija Lindsay acababa de mudarse a vivir con su novio. Ella también les había confesado algo que habían sospechado durante mucho tiempo: estaba consumiendo drogas ilícitas.

"¿En qué nos equivocamos?", preguntó Brenda. "Pareciera que los hijos adultos de todas las demás personas están tomando decisiones más acertadas que nuestra hija".

"A lo mejor tendríamos que haber hecho que Lindsay participara en más viajes misioneros", dijo Ted.

"Todos los años para la época de Navidad, cuando veíamos a las familias perfectas en las tarjetas y en sus fotos en redes sociales", se lamentaba Brenda, "teníamos el mismo pensamiento: '¿Qué es lo que estamos haciendo mal como padres?'".

Aunque no podían darle un nombre, lo que ellos estaban experimentando era vergüenza. A medida que avanzamos en nuestra conversación, consideramos de qué manera tratar con los problemas de Lindsay, pero también les pregunté acerca de un problema que tenían y del cual yo no estaba seguro que fueran conscientes.

"Las acciones de Lindsay los habrán dejado desarmados", dije. "Da la impresión de que han quedado bastante agotados". Ted asintió con la cabeza y los ojos de Brenda se llenaron de lágrimas.

"¿Qué están haciendo para mantener su salud emocional, física, interpersonal y espiritual?". En ese momento, los ojos de él se llenaron de lágrimas y ella comenzó a sollozar. Ted abrazó a su esposa y dijo simplemente: "No estamos haciendo nada para nosotros mismos. Y eso nos está matando".

Mi corazón se conmovió al escucharlos, porque entendí que el dolor de tener una hija con problemas los estaba agotando de tantas maneras... Mi consejo no fue nada novedoso, pero pareció resultarles de ayuda.

"Estoy seguro de que han escuchado alguna vez las instrucciones que dan las azafatas cuando uno sube a un avión, antes de comenzar el vuelo, ¿verdad? Dicen que, si llegara a existir la necesidad de utilizar las máscaras de oxígeno, tú te coloques tu máscara primero y recién después ayudes a tu hijo a colocarse la suya". Las miradas en sus rostros me indicaron que me habían comprendido.

No podrás ayudar en nada a tus hijos si te quedas sin aire. Dedicarte a tu salud emocional, física y espiritual no solo te ayudará a ser más fuerte para tu hijo, sino que también te servirá para obtener una perspectiva más clara con respecto a cualquier sentimiento de vergüenza o pesar que estés experimentando.

Cuando los hijos toman decisiones equivocadas o decepcionantes, muchos padres viven la vergüenza silenciosa que Brenda describía. Cierta vez un amigo me dijo: "Cuando tus hijos son pequeños, se trepan sobre ti y te pisan los pies. Cuando crecen, toman malas decisiones y te pisotean el corazón". Obviamente, no todos los hijos grandes les rompen el corazón a sus padres, pero la transición siempre suele ser difícil, y en la mayoría de los casos involucra un gran sentimiento de pérdida. La autora Judith Viorst tiene razón cuando dice: "Soltar a nuestros hijos y soltar los sueños que tenemos para ellos, son parte de nuestras pérdidas necesarias". [1]

Cuando vivimos una pérdida, necesitamos llorarla. Si no hacemos el duelo por la pérdida de la relación que alguna vez tuvimos con nuestros hijos, no podremos abrazar la nueva relación que queremos tener con ellos. Cuando ellos ya no nos necesitan de la manera en que alguna vez lo hacían, eso es una pérdida. Yo recuerdo esto cada vez que observo a mi nieto, James. Me encanta ver como su mamá y su papá son el centro de su universo. Él los

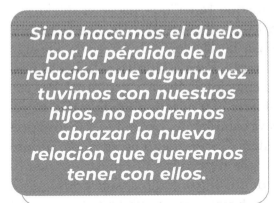

Si no hacemos el duelo por la pérdida de la relación que alguna vez tuvimos con nuestros hijos, no podremos abrazar la nueva relación que queremos tener con ellos.

necesita para todo. Pero me resulta también una experiencia agridulce cuando me doy cuenta de que yo mismo alguna vez fui el centro del universo de mis hijas y ahora no lo soy. Para que mis hijas pudieran ser sanas e independientes, tuve que soltarlas y llorar la pérdida.

de tus hijos. Tus actitudes, tu estilo de vida, tus valores, tu fe y tu ejemplo, impactarán en tus hijos en maneras que tal vez nunca llegues a conocer completamente. El autor y pastor Chuck Swindoll resumió esto de una forma muy acertada cuando dijo: "Cada día de nuestras vidas hacemos depósitos en los bancos de recuerdos de nuestros hijos". Te aseguro que ese fue el caso con mis padres.

Mi padre tenía sus defectos, pero era un buen hombre y yo lo respetaba. Hacia el final de su vida estaba muy débil. Un día se cayó usando su andador y se quebró la cadera. El médico nos dijo que pensaba que la cadera tendría arreglo, pero estaba preocupado de que si papá no se levantaba y se mantenía en movimiento después de la operación, moriría de neumonía. A las dos semanas, y luego de una cirugía exitosa de cadera, en efecto él estaba muy desmejorado porque no se había levantado para mantenerse en movimiento. Eventualmente falleció, exactamente como lo había advertido el médico, de neumonía.

Yo me encontraba solo con papá en su habitación en el hospital para convalecientes pocos días antes de su fallecimiento, cuando una fisioterapeuta llena de energía entró en la habitación y le pidió que se levantara porque era hora de la terapia física. Me pareció un poco extraño dada la condición de mi padre, pero decidí observar para ver qué sucedería. Papá juntó valor y lo intentó, pero casi se cayó de la cama en el proceso. De un salto, llegué justo a tiempo para agarrarlo. La fisioterapeuta parecía estar sorprendida ante su fragilidad, y fue entonces cuando se dio cuenta de que ¡se había equivocado de paciente!

"Bob, ¿cómo te quebraste la cadera?", preguntó.

"Fue un accidente de motocicleta", respondió mi papá de inmediato. Sonreí. Ella me miró perpleja.

"La verdad es que se cayó del andador, pero sí tuvo un accidente con su motocicleta hace cuarenta y cinco años".

Sonrió y nos observó a los dos. Luego dijo: "Bob, este hombre parece ser tu hijo. ¿Tienes más hijos?".

"Sí", dijo papá, "su madre y yo tenemos cuatro hijos varones". Mencionó el nombre de cada uno, y luego agregó: "Estoy orgulloso de todos mis hijos". Mis ojos se llenaron de lágrimas al escuchar a papá decir eso acerca de nosotros. "Estoy anticipando estar pronto con Dios en el cielo", añadió.

La terapeuta no sabía cómo responder. Sonrió nuevamente. "He disfrutado de una buena vida, y realmente no tengo ningún remordimiento", dijo papá. "Dios me está esperando en la eternidad". En ese momento mis ojos se llenaron nuevamente de lágrimas y cuando miré a la terapeuta, vi que ella también tenía lágrimas en los ojos. Ella puso su mano cariñosamente sobre el hombro de mi papá y le dijo: "Adiós, Bob. Eres un hombre muy bueno. Gracias".

Más tarde, reflexionando sobre lo que había dicho mi padre, recordé los estudios que la psiquiatra Elisabeth Kübler-Ross había realizado sobre la muerte y el proceso de morir. Como investigadora, la Dra. Kübler-Ross pasó muchos años entrevistando a personas que estaban cerca de la muerte. Uno de sus descubrimientos fue que hacia el final de su vida, a la mayoría de las personas les preocupan principalmente dos cosas: tener una buena relación con Dios y tener una buena relación con sus seres queridos.

Este verdaderamente fue el caso con mi papá. En sus últimos días sobre la tierra él se encontraba en paz, y eso me enseñó una valiosa lección: no hay nada más importante en la vida que tener una buena relación con Dios y una buena relación con la familia. Al final de cuentas, eso es lo que define el legado que les dejarás a tus hijos. Por difícil que resulte criar a tus hijos y luego mantener ese vínculo a través de la complejidad que implica relacionarse con ellos como adultos, a fin de cuentas lo más importante no es la herencia material que puedas dejarles, sino el legado de amor y fe que pasará como un regalo hacia la próxima generación. Cuando nuestros hijos son pequeños, la mayoría de nosotros estamos tan ocupados con las demandas cotidianas de nuestro rol parental que es difícil enfocarnos en dejar un legado. Pero a medida que tu rol y tu descripción de trabajo van cambiando, puedes enfocarte en lo más importante, que es dejarle a tu hijo un legado de amor.

> *Nuestros hijos tuvieron adolescencias terribles que nos causaron mucho sufrimiento emocional y espiritual. En aquellos años no eran "hijos trofeos", es decir, aquellos a los que puedes exhibir en público y sentirte orgulloso de ellos. Sin embargo, Sara y yo siempre tuvimos claro que debíamos tener para ellos el mismo amor incondicional que el Padre tenía hacia nosotros y dar tantas oportunidades como nosotros recibimos y seguíamos recibiendo de Él. Después, con el paso del tiempo las cosas cambiaron y nuestros hijos afirmaron que sin esa gracia y sin ese amor incondicional, no habrían salido adelante. La ley nunca ha redimido a nadie; la gracia a multitudes.*

Capítulo 2

Mantén la boca cerrada y una alfombra de bienvenida en la puerta

Principio 2:
El consejo no solicitado suele percibirse como crítica.

> *"Pero, ¿por qué necesita ir a Europa para encontrar su rumbo cuando yo tengo todas las respuestas para ella aquí mismo?".*

"Sé que hay un momento para hablar y otro para mantener la boca cerrada", dijo un amigo. "Es solo que aún no he descubierto cuándo hacer qué cosa". Tal vez te sientas identificado con él. Saber qué decir y qué no decir es uno de los desafíos más grandes que enfrentamos en la transición hacia una relación adulta con nuestros hijos. Aunque existen excepciones, he aprendido que en la mayoría de los casos lo mejor que pueden hacer los padres es morderse la lengua y mantenerse en silencio. Retener un consejo va en contra de nuestra naturaleza como padres, pero el consejo no solicitado usualmente se percibe como crítica.

Muchos padres de hijos grandes me dicen que la parte más difícil de su nueva descripción de trabajo es abstenerse de dar consejos cuando saben que tienen razón. Durante más de dos décadas, nuestro reflejo automático siempre fue el ofrecer nuestra guía. Está grabado en el ADN de todo padre y de toda madre. Tenemos consejos para ofrecer acerca de cualquier tema, desde cómo aprender a usar el inodoro hasta cómo encontrar a la persona correcta para las primeras salidas, y mucho más. Por eso a veces nos sorprende cuando descubrimos que nuestros hijos no solo perciben nuestro consejo como crítica, sino que, además, no lo están pidiendo.

Aquí te presento cuatro pautas para ayudarte a mantener fuerte tu relación, y a evitar la trampa de ofrecer consejos no solicitados:

1. CONFÍA EN QUE LA EXPERIENCIA ES MEJOR MAESTRA QUE LOS CONSEJOS

No importa cuánto crea un padre que dar consejos es una acción de amor, la mayoría de los hijos adultos lo reciben con resentimiento. Ellos están luchando por su independencia, y perciben el hecho de que sus padres les den consejos como si quisieran decirles lo que deben hacer o restringir su libertad. Si eliges darles consejos en vez de alentar su independencia, se alejarán de ti. Cuando se trata de aconsejar, la autora Jane Isay lo resume así: "No los des. No les gusta. No los quieren. Causarán resentimiento". [3]

En vez de tratar de orientar a tus hijos hacia la dirección en que tú crees que deberían ir, confía en que la experiencia es una mejor maestra. Cuando les concedes la independencia y el respeto que desean, ellos aprenderán de sus experiencias, ya sean de victoria o de fracaso. Si mantienes la boca cerrada y una alfombra de bienvenida en la puerta, aumentarás las probabilidades de que tus hijos se acerquen a ti para buscar tu guía. Pero si escoges seguir dándoles consejos no solicitados, aunque sean excelentes y con las mejores intenciones, tus sugerencias intrusivas finalmente malograrán la relación. Algunos le llaman a esto "el alto precio del buen consejo".

Uno de los lenguajes del amor de mi esposa Cathy es aconsejar. Cuando ella se topa con un artículo que cree que puede ser de beneficio para alguien de la familia, lo recorta de la revista o reenvía el enlace. Ella es nuestra autoridad de consulta sobre cualquier tema, desde un estilo de vida saludable hasta el crecimiento espiritual, pasando por unos cuantos aspectos más de la vida. Y no solo ofrece buenos consejos, sino que realmente vive lo que nos aconseja hacer. Cierto día, cuando nuestras hijas eran más pequeñas, estábamos de vacaciones en un pequeño pueblito cuando de repente nos topamos con un letrero en la puerta de un edificio que decía: "Consejo municipal". Las niñas entendieron que se trataba de un lugar donde les daban consejos a todos los habitantes del municipio, y entonces exclamaron: "¡Mamá, este es el trabajo perfecto para ti!". Su esposo (o sea, yo) fue lo suficientemente listo como para mantener la boca cerrada. Cathy simplemente se rio y dijo: "Probablemente tengan razón". Para una persona como ella, a quien dar consejos le viene en forma natural, resulta especialmente difícil morderse la lengua y quedarse con sus buenos consejos. Pero ella ha aprendido que es sabio no decir todo lo que le viene a la mente. Y es asombroso cuántas veces nuestras hijas terminan buscando sus palabras cuando ella se queda callada.

El principio de la Escritura es el siguiente: *"...Todos ustedes deben estar listos para escuchar, pero deben ser lentos para hablar y para enojarse"* (Santiago 1:19). Esto es especialmente importante para aquellos de nosotros que somos el tipo de personas que desean arreglarlo todo. Si yo soy un 'arréglalotodo' y mis hijas tienen un problema, considero que es mi deber intervenir. Eso es lo que hago, ese es quien soy: el Señor Arréglalotodo. Sin embargo, a menos que nuestros hijos ya grandes nos pidan ayuda, debemos resistir el impulso de querer solucionar sus problemas.

> **A menos que nuestros hijos ya grandes nos pidan ayuda, debemos resistir el impulso de querer solucionar sus problemas.**

Cuando enfrentes la tentación de ofrecer un consejo no solicitado, haz una pausa y pregúntate lo siguiente: ¿realmente importa? La mayoría de los asuntos no tienen la importancia que nosotros creemos que tienen. Me encanta esta sabia frase de Winston Churchill: "Nunca llegarás a tu destino si te detienes para lanzarle piedras a cada perro que ladra". Mantén los ojos en tu destino, que es una relación saludable y amorosa con tus hijos grandes. No te distraigas por las cosas que realmente no importan. Los hijos adultos no distinguen entre lo que nosotros consideramos un comentario inocente o un deseo de arreglar un problema, y el control paternal. Si queremos lograr vínculos sanos con nuestros hijos adultos, debemos aprender a mantener la boca cerrada.

Naturalmente, puedes estar pensando que hay ocasiones en las que es necesario hablar. En mi experiencia, hay que tener mucho discernimiento para determinar cuáles son esas ocasiones en las que como padres debemos intervenir. Como bien dice Jim, en la mayoría de estas no es necesario. Pero, si entendemos que lo es, hay una alternativa mejor a dar un consejo no solicitado: hacer preguntas honestas que generen reflexión en nuestros hijos. El cerebro está diseñado de tal manera que rara vez se puede refrenar de generar un proceso de reflexión. Preguntas del tipo: ¿cuáles serían las implicaciones de esa decisión? ¿Qué puede suceder a mediano y/o largo plazo? ¿Cómo puede afectar a tu futuro profesional? Es decir, preguntas que siempre busquen beneficiar a nuestros hijos por medio de facilitar su proceso de reflexión independiente, no que busquen guiarlos hacia donde nosotros deseamos.

2. SÉ RESPETUOSO: NINGÚN ADULTO QUIERE QUE LE DIGAN LO QUE TIENE QUE HACER

Mi hija Christy es una adulta capaz, se encuentra felizmente casada, y es una increíble madre de dos hijos. No hace mucho, ella me estaba contando acerca de un desafío que enfrentaba, y yo le dije: "Christy, ¿te molestaría si te doy mi consejo con respecto a esa situación?". Su respuesta me sorprendió. "No ahora, papá", dijo ella. "Quizás luego".

"*¡¿Estás bromeando?!*", pensé. "*¡Las personas me pagan para aconsejarles y, además, tengo un muy buen consejo que tú realmente necesitas!*". Pero era evidente que mi consejo no era lo que ella quería en ese momento. Y me tocaba respetar eso, del mismo modo en que respetaría a cualquier otro adulto que escogiera no oír algo que yo quisiera decirle.

Ahora que tu hijo ya es grande, las decisiones deben estar en sus manos, no en las tuyas. Esto es así ya sea que tu hijo esté actuando de una forma adulta o no. Uno de los mejores regalos que puedes darles es respetarlos como adultos. Si no les brindas respeto, está casi garantizado que te cerrarán la puerta a la oportunidad de brindarles guía. No seas como la madre que tuvo el siguiente intercambio con su hijo, quien se había mudado nuevamente a su casa luego de divorciarse:

"Debes regresar a casa para las 9:00 p.m., o no podré prepararte una cena caliente".
"Mamá, a veces trabajo hasta tarde", respondió él, "y soy perfectamente capaz de preparar mi propia comida esas noches".
"Entonces debes avisarle a tu jefe que no vas a trabajar hasta tarde", dijo la madre.
"¿Por qué?", preguntó él.
"Porque yo soy tu madre y debes obedecerme", respondió ella.

Me da la impresión de que esa madre no había revisado su descripción de trabajo desde la época en que su hijo estaba en la escuela secundaria. Este es el punto: cuando eres intrusivo y pretendes dar guía cuando no te la piden, tus hijos no prestan atención y lo ven como un signo de falta de respeto.

He descubierto que gran parte de la manera en que demostramos respeto hacia ellos es en el tono de nuestra conversación. Al referirme al tono me refiero a nuestra voz, a nuestra manera de comportarnos, e incluso a la atmósfera que traemos a la conversación. Debemos también ser claros con respecto a la diferencia entre tener una conversación y dar un discurso. Una conversación transmite respeto, un discurso no.

Recuerdo una conversación seria que tuve con una de mis hijas cuando estaba en la universidad, acerca de sus elecciones sobre su estilo de vida. Yo estaba triste y frustrado porque ella había tomado algunas decisiones que no la estaban ayudando a progresar. Aparentemente, mi tono no fue muy correcto, porque luego ella dijo: "No dijiste que te sentías decepcionado conmigo, pero sé que estabas totalmente decepcionado". No era mi idea transmitirle una decepción "total", porque no era una situación tan grave, pero eso fue lo que mi tono le transmitió. El autor y pastor Ronald Greer escribe: "Cuando somos intrusivos, lo que ellos escuchan no es la lección que buscamos compartir sino el mensaje de que realmente no respetamos que ellos han crecido". [4] El tono es importante,

> *Una conversación transmite respeto, un discurso no.*

y algunos de nosotros podemos padecer sordera tonal y no darnos cuenta. Pero si les ofrecemos a nuestros hijos consejo con el mismo respeto que se lo daríamos a cualquier otro adulto, entonces estaremos abriendo la puerta a una relación saludable de adulto a adulto con ellos.

> *En esta nueva descripción de trabajo, como indica Jim, nuevamente se pone de manifiesto la importancia del discernimiento. ¿Qué es lo que necesitan de nosotros nuestros hijos en un momento determinado? En ocasiones será simplemente estar presentes, en la mayoría de los casos escuchar; en otros facilitar el proceso de reflexión por medio de preguntas y, tan sólo cuando sea solicitado, un respetuoso consejo carente de reproche.*

3. TEN PRESENTE QUE AHORA ERES UN MENTOR Y UN COACH

Si deseas que tus hijos te escuchen, debes pasar de ser un padre controlador a ser un mentor y un coach. Esto se logra en parte cuando te conviertes en la persona que más los alienta y respalda. Todo el mundo necesita afirmación y aliento, incluso tus hijos ya grandes. ¿Recuerdas esa frase en la película *'El campo de los sueños'*? "Si lo construyes, ellos vendrán". En la película, la frase se refería a construir una cancha de béisbol en el medio de un campo de maíz en Iowa. Pero el mismo principio puede aplicarse a tu relación con tus hijos. Si construyes una relación de positivismo y respeto, y alientas a tus hijos adultos, y luego esperas... ellos buscarán tu consejo.

Cómo distinguir entre una conversación y un discurso

Puedes saber que estás dando un discurso cuando:
• eres tú quien habla casi exclusivamente
• levantas la voz
• hablas con tono de predicador
• suena como si le estuvieras hablando a un niño
• lo que dices da la impresión de que eres superior

Puedes saber que estás teniendo una conversación cuando:
• estás involucrado en un diálogo
• estás escuchando y reflexionando sobre que dice la otra persona
• tu tono y tu comportamiento demuestran respeto
• tu lenguaje no contiene afirmaciones del tipo "tú deberías..."
• se te ha concedido permiso para hablar sobre la vida de la otra persona

Los mentores nunca presionan para lograr influencia sobre la vida de una persona; reciben una invitación para hacerlo. Esperar a ser invitado para involucrarte en la vida de tus hijos grandes demanda mucha paciencia, gracia y comprensión, especialmente si no están tomando decisiones muy sobresalientes. Pero he aprendido a los golpes que las conversaciones con mis hijas adultas sencillamente no van bien si yo las obligo a aceptar mi agenda. Debo esperar hasta que ellas deseen mi influencia. Estas conversaciones se deben dar de acuerdo a sus tiempos, no a los míos. Ellas deben saber que yo estoy disponible, pero solo hasta ese punto puedo llegar si no me piden más.

Cuando yo estaba en el posgrado en Princeton, New Jersey, también era director de Young Life en Mid-Jersey. Young Life es una organización maravillosa que busca alcanzar a adolescentes y jóvenes, principalmente en edades de escuela secundaria. Una de las mejores frases en la filosofía de trabajo de Young Life es: "Gánate el derecho a ser escuchado". Aunque podrías sentir que todos esos años de criar a tus hijos deberían darte automáticamente el derecho a ser escuchado, no funciona de esa manera. Así que, mientras navegas por de esta nueva fase de la relación, sé paciente. Esperar hasta que ellos se acerquen a ti hará que te ganes su confianza y, sí..., el derecho a que tus propios hijos te escuchen.

> *Estoy totalmente de acuerdo con la afirmación de Jim de que debemos ganarnos el derecho a ser escuchados. Cuando estamos día tras día, ocasión tras ocasión mostrando amor y aceptación incondicional sea cual sea el caso, entonces es cuando vamos construyendo un saldo, un crédito que nos dará el derecho a ser escuchados. Ese derecho es un músculo que se desarrolla, una flor que se cultiva.*

4. RECUERDA QUE TUS PALABRAS TIENEN PODER PARA BENDECIR O PARA MALDECIR

Las palabras con que les hablas a tus hijos tienen mucho poder... para bien, o para mal. El apóstol Santiago lo dice de esta manera: *"De una misma boca salen bendiciones y maldiciones..."* (Santiago 3:10). Tuve un recordatorio muy vívido de esta verdad hace no mucho tiempo cuando hablaba con un hombre de unos cincuenta años cuya vida había sido marcada en forma trágica por palabras iracundas que su padre le había dicho cuando era niño. "¡Nunca llegarás a nada!", le había dicho. "Probablemente terminarás siendo un alcohólico inservible igual que tu abuelo". ¡Ay!

"¿Te pidió perdón alguna vez por esas palabras?", le pregunté.

"No", respondió. A medida que continuamos hablando sobre su padre, quedó claro que él no había sido siempre abusivo, pero esas palabras precisas habían herido profundamente el corazón y la mente de su hijo. Las palabras de su padre fueron una maldición que llegó a convertirse en una profecía autocumplida. Este hombre luchó durante muchos años con el alcoholismo antes de experimentar una profunda conversión a Cristo y lograr ser libre.

La lección para cualquier padre es que debemos ser prontos para pedir disculpas. Todos los padres alguna vez hemos pronunciado palabras que luego lamentamos haberles dicho a nuestros hijos. Imagínate la diferencia que hubiera producido en la vida de este hombre si su padre se hubiera acercado a él y le hubiera dicho: "Realmente no quise decir lo que te dije. Te hablé con enojo, y te pido perdón por esas palabras que no eran verdad". Una oración o dos con una disculpa sincera podrían haber cambiado la trayectoria de la vida de este hombre. Nunca debemos subestimar el poder que tiene una disculpa para bendecir y sanar una relación.

En general todo hijo, pequeño o grande, está abierto a recibir palabras de bendición. Una bendición puede consistir, por ejemplo, en darles aliento. Con los hijos adultos, una de las mejores frases que puedes usar es: "Creo en ti". También puedes expresar tu aliento con declaraciones como: "Sé que tienes lo que se necesita para llevar adelante este proyecto" o "Sé que elegirás la relación correcta". Tengo en mi oficina un letrero que dice: "Todo niño necesita por lo menos un adulto significativo que sea irracionalmente positivo con respecto a él". Es mi oración que cada padre y cada madre intente ser esa persona en la vida de sus hijos. A lo largo de los años, la experiencia me ha mostrado que muchos de los problemas que podríamos evitar con nuestros hijos adultos son resultado de una comunicación deficiente. Esa es la mala noticia. La buena es que la comunicación saludable es una habilidad que se puede aprender. Esto significa que, aunque construir una relación saludable demanda mucho esfuerzo, siempre podemos aprender a ser comunicadores más eficaces, y también lo pueden aprender nuestros hijos. Aquí te comparto tres principios para una comunicación saludable que puedes usar para bendecir tus hijos cuando ya son grandes:

1. Haz preguntas de respuesta abierta. Las preguntas de respuesta abierta no llevan una agenda encubierta ni buscan la respuesta correcta. Se deben presentar de una forma que no juzgue a la otra persona y que conduzca al diálogo. Las preguntas abiertas evitan que estemos diciéndoles lo que tienen que hacer. Si yo pregunto: "¿No te parece que este es el mejor trabajo para ti?", no estoy haciendo realmente una pregunta. Simplemente estoy dando mi opinión disfrazada de pregunta. Una pregunta abierta es un interrogante para el cual no sé la respuesta. Podría ser algo como: "¿Cuál de estas oportunidades de trabajo te parece que se alinea mejor con tus metas profesionales?". En vez de dar mi opinión disfrazada, estoy brindándole una forma de considerar sus opciones, y posiblemente dialogará conmigo mientras busca una respuesta.

2. Habla con ellos en forma personal, no impersonal. Existe una muy leve distinción entre hablarle *a* tu hijo, y hablar *con* tu hijo. La forma más sencilla que he encontrado para asegurarme de que estoy hablando *con* en vez de *a* es considerar la manera en que hablo con mis amigos. Yo no les voy a decir a ellos lo que deberían hacer. Eso sería hablarles a ellos. En cambio, voy intentar a crear un diálogo y voy a esforzarme mucho por escuchar. Un buen amigo mío estaba trabajando en este principio y me dijo: "Tuve que tomar consciencia de que aún estaba viviendo con el viejo hábito de tratar a mi hijo grande como si fuera un niño. Estaba sermoneando a un hombre casado con dos hijos, que además resulta ser el vicepresidente de una compañía recién fundada que lo ha transformado en millonario". Mi amigo recién se estaba dando cuenta de que su hijo no necesitaba que él le dijera qué hacer. Era más que capaz de encontrar solo las respuestas. Lo que sí necesitaba hacer, en cambio, era enfocarse en construir una relación de adulto a adulto con su hijo.

3. Habla con palabras de gracia. Cuando no sepas qué hacer, inunda a tu hijo con palabras de gracia. "Gracia" significa "favor inmerecido". Tú le hablas palabras de gracia a tu hijo cuando le envías mensajes de voz cariñosos, cuando le escribes mensajes de texto con comentarios positivos, cuando lo alientas a seguir, y cuando te rehúsas a decirle: "Yo te lo dije". Cuando nuestros hijos experimentan gracia de parte nuestra, especialmente cuando algo va mal en sus vidas, entonces esa gracia inmerecida refleja la gracia de Dios.

Una de las historias más hermosas que he escuchado acerca del poder de las palabras de un padre me vino de parte de Ruth "Bunny" Graham, hija del fallecido Billy Graham. Ruth me contó una extraordinaria historia de quebranto de su

> *Cuando no sepas qué hacer, inunda a tu hijo con palabras de gracia.*

propia vida, y cómo marcó completamente la diferencia cuando su padre y su madre le ofrecieron gracia en vez de consejos no solicitados.[5] Ella había estado casada por más de dieciocho años cuando descubrió que su esposo, que trabajaba en la organización de Billy Graham y con quien había tenido tres hijos, estaba viviendo una vida secreta de infidelidad. Se sintió devastada, e incluso llegó a pensar en suicidarse.

Tan solo unos pocos meses después del divorcio, y en contra del consejo de sus padres, ella se volvió a casar "por despecho", pero en menos de veinticuatro horas se dio cuenta de que había cometido un grave error. Su vida ahora era un desastre. Empacó sus pertenencias, salió huyendo de este matrimonio abusivo, se subió al automóvil y comenzó a conducir. Ella me contó que realmente no sabía a dónde ir. Finalmente decidió tragarse su orgullo e ir a la casa de sus padres. Sí, sus padres le habían advertido acerca de casarse con este hombre, pero para Ruth, su hogar seguía siendo el refugio más seguro que pudiera encontrar.

A medida que se acercaba a la casa de sus padres, se sintió nerviosa y llena de vergüenza. *"¿Qué me van a decir ellos?,* pensaba. Incluso mientras daba la última vuelta antes de llegar a su casa en Montreat, Carolina del Norte, seguía preguntándose cómo la recibirían. Por razones de seguridad, los Graham tenían portones que necesitaban ser abiertos desde adentro, así que ella llamó para avisarles a sus padres que estaba llegando a la casa. Cuando se abrieron los portones, lo primero que vio fue a su padre, Billy Graham, caminando por la entrada de vehículos, esperándola. Cuando ella salió del automóvil, su padre le dio un abrazo de oso y simplemente dijo: "Bienvenida a casa, Bunny". Nada más. Ningún sermón, ninguna mirada de superioridad, ninguna condenación. Solo gracia, amor y bienvenida. Ruth me contó que ella seguía esperando un "Yo te lo dije", pero nunca llegó. En cambio, no recibió otra cosa más que los corazones abiertos y los oídos atentos de sus padres. Los padres de Ruth la ayudaron a llegar a un lugar donde encontró sanidad, no por lo que dijeron, sino por lo que no dijeron. Creo que la mayoría de los padres de hijos ya grandes no se dan cuenta de que el camino hacia una relación vibrante de adulto a adulto con sus hijos tiene tanto que ver con morderse la lengua. Sin embargo, este principio de privarse de dar consejo porque será visto como una crítica parece ser una de las formas más eficaces de llevar la relación hacia adelante. ¿Habrá deslices ocasionales? Claro que sí. Pero con el tiempo, la disciplina de mantener la boca cerrada por amor puede marcar la diferencia entre disfrutar de una relación cercana con tus hijos, y sufrir una relación tensa. Mi lema es: "Ante la duda, mantente en silencio". Llevo en mi lengua las cicatrices para demostrarlo.

En lenguaje crea y forma la realidad. Las palabras que les decimos a nuestros hijos, especialmente en sus primeros años formativos, determinan cómo se percibirán como adultos y cómo se desarrollará su autoestima; además, serán un referente en esos turbulentos tiempos en los que tienen que desarrollar su propia personalidad e identidad. Palabras que expresen gracia, amor incondicional y una creencia genuina en ellos, deben ser transversales en todas las etapas de su vida. Esas, junto con palabras que expresan perdón y piden perdón cuando fallamos, generan a la larga, estabilidad y seguridad emocional.

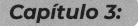

Capítulo 3

¿Por qué está llevándole tanto tiempo crecer a mi hijo?

Principio 3:
No puedes ignorar la cultura de tu hijo.

> *"Señor, enséñame a ser padre de los hijos que tengo, no de los que pensé que tendría".*

Cathy y yo nos conocimos en la reunión de orientación para estudiantes recién llegados a la universidad, y nos casamos una semana después de que ella se graduara. Nos fuimos de luna de miel por diez días, y luego comenzamos a trabajar. Estudiamos un posgrado y atravesamos algunos cambios laborales, pero esencialmente hicimos lo mismo que muchos de nuestros amigos y pasamos directo de ser estudiantes universitarios a ser adultos totalmente independientes. En la actualidad, ese patrón no es común. En cambio, muchos padres se están preguntando: "¿Cuándo crecerá por fin mi hijo adulto?".

Como mencioné en un capítulo anterior, muchos de los adultos jóvenes de hoy en día no tienen ningún apuro por llegar a la madurez. Es posible que su lema sea: "Sí... pero todavía no". En lugar de seguir un camino directo hacia la adultez, ellos avanzan lentamente (y a veces, pareciera que en círculos) hacia las responsabilidades y hacia algunas de las decisiones más significativas de la vida, como casarse y tener hijos. Para muchos adultos jóvenes, el terminar una carrera universitaria demanda más tiempo y es más costoso de lo que fue para sus padres. Al finalizar, el recién egresado suele desear una aventura como recompensa por todos esos años de trabajo duro que le requirió la universidad, y como un respiro antes de buscar un trabajo de tiempo completo. Puede que estos adultos jóvenes se vayan a vivir con una pareja y luego regresen como un boomerang a casa, puede que intenten varios trabajos, y puede que busquen vivir muchas experiencias "para encontrarse a sí mismos". No es hasta que se acercan a la edad de treinta años (o incluso más) que comienzan a tomarse en serio el tema de asentarse en lo que sus padres considerarían "una adultez responsable". Pero, aunque postergan el aceptar las responsabilidades tradicionales de los adultos, aun así quieren ser tratados como adultos.

Es cierto que siempre han existido diferencias entre una generación y la siguiente, pero muchos expertos en la actualidad nos dicen que las diferencias y los cambios en la cosmovisión entre esta generación y las generaciones anteriores son mucho mayores que lo que históricamente se había observado. Para llegar a ser padres eficaces en esta relación en constante cambio que tenemos con nuestros hijos, debemos convertirnos en estudiosos de su cultura y de su mentalidad.

¿QUIÉNES SON ESTOS ADULTOS EMERGENTES?

Cada generación desarrolla una mentalidad y patrones que le son únicos. Un ejemplo simple de mi familia ilustra exactamente cómo se ve esto a través de las generaciones. Mi padre y mi madre fueron los primeros en adquirir un televisor en su pequeño pueblito de Kansas. Fue en su generación que el "mecanismo de entretenimiento" pasó de la radio a la televisión. Mi esposa y yo fuimos parte de la generación hippie conocida por el amor libre, la oposición a la guerra de Vietnam, y los llamados *"flower children"*. Crecimos escuchando a los Beatles, los Rolling Stones y los Beach Boys en un tocadiscos. La generación de nuestros hijos no tiene necesidad de televisores ni de tocadiscos porque pueden acceder tanto a las noticias como al entretenimiento online. ¡En su mundo interconectado, los auriculares son prácticamente indispensables para la vida! Este no es más que un simple ejemplo, pero demuestra los cambios significativos que ocurrieron, no solo en la tecnología, sino entre una cultura generacional y la siguiente. Si queremos comprender a nuestros adultos emergentes, no podemos ignorar la manera en que son influenciados y moldeados por las normas de su cultura.

> *«La juventud de hoy ama el lujo. Es mal educada, desprecia la autoridad, no respeta a sus mayores, y chismea mientras debería trabajar. Los jóvenes ya no se ponen de pie cuando los mayores entran al cuarto. Contradicen a sus padres, fanfarronean en la sociedad, devoran en la mesa los postres, cruzan las piernas y tiranizan a sus maestros». Esta frase es atribuida al filósofo grie-*

> *go Sócrates que vivió en el siglo V antes de Cristo. Al leerla podemos sonreír al pensar que, como indica Jim, cada generación tiende a ver a la que le precede con cierta mezcla de asombro y disgusto. Nuestro reto es amar a una generación que, sin lugar a duda, es diferente de la nuestra.*

Cada generación produce un cambio cultural, algunos más impactantes que otros. Pero esta generación de adultos jóvenes indudablemente ha traído un cambio tan significativo en la mentalidad cultural que resulta todo un desafío para nosotros, los de las generaciones anteriores, poder comprenderlo. Sus perspectivas, prioridades, actitudes, metas y objetivos, además de sus elecciones de estilos de vida, son marcadamente distintas a aquellas con las que nosotros crecimos. Veamos algunas características que los definen:

Son moldeados por la tecnología. El promedio de uso de un dispositivo móvil es de más de un tercio de las horas que están despiertos cada día, lo cual lleva a algunas personas a llamarlos *"screenagers"* [un juego de palabras en inglés que surge de mezclar las palabras *"screen"* (pantalla) y *"teenagers"* (adolescentes)]. Ellos perciben su dispositivo móvil, no principalmente como un teléfono celular, sino como una computadora de bolsillo que los conecta con el mundo. Si te has de comunicar con tus adultos emergentes, más vale que llegues a ser diestro en el uso de la tecnología. Cuando quieren aprender algo, sus mejores amigos son Siri, Alexa y Google. En HomeWord, cuando les preguntamos a padres jóvenes de dónde obtenían información sobre cómo ser padres, casi todos respondieron que de internet.

Esperan que todos los participantes reciban una medalla. Esta es la generación que creció siendo alentada tanto por sus logros como por simplemente participar. Sea que hubieran ganado o perdido un partido, que hubieran llegado primeros o últimos, ellos recibían una medalla solo por haberse presentado a la competencia. Y aunque esta idea de animar y premiar a todo el mundo comenzó como un esfuerzo por ayudar a quienes tenían baja autoestima, al final terminó contribuyendo a que esta generación creciera con una mentalidad de *"entitlement"*. Esta palabra del idioma inglés, que está siendo muy utilizada a la hora de describir a los jóvenes adultos de hoy en día, no tiene aún un equivalente en castellano, pero podríamos decir que alguien es *"entitled"* cuando siente que tiene más derechos de los que en realidad le corresponden, o cuando espera recibir recompensas mayores a las que merecería por su esfuerzo o desempeño. De modo que, en lugar de tener una baja autoestima, esta generación creció con una visión exagerada respecto de sí mismos. Al ingresar a la edad adulta, esto se evidencia en varias áreas, incluyendo el creer que merecen un sueldo mayor que el que reciben y más reconocimiento en el trabajo. Como no lograron nunca hacer la conexión entre esfuerzo y recompensa, y como no lidiaron con la agonía de la derrota cuando eran niños, a esta generación le cuesta aceptar el hecho de que en la vida adulta y en el trabajo no siempre reciben una medalla o un trofeo nada más por aparecer.

He de reconocer que para las personas de mi generación lo que afirma Jim tiene todo el sentido y, de alguna manera, nos hace pensar que tenemos más razón que la generación precedente. Es una realidad que la cultura del esfuerzo en muchos lugares está desapareciendo. Más allá de la diferencia generacional hay pensadores como Richard Haass, autor del libro: "Bill of Obligations" y alto diplomático del gobierno de los Estados Unidos, que afirman que nuestra sociedad está en peligro si simplemente reclamamos nuestros derechos y no nuestras responsabilidades hacia otros y el país. Ahora bien, como Jim enfatiza una y otra vez, no es una cuestión de tener más o menos razón que la generación que nos precede, sino de cómo podemos amarla y establecer puentes con ella en su realidad.

No viven para el trabajo, trabajan para vivir. Sus abuelos tenían una ética del trabajo que muchas veces afectaba sus relaciones interpersonales: vivían para el trabajo. Trabajaban duro y eran leales con sus empleadores. Los adultos emergentes de hoy, es mucho menos probable que se comprometan con un empleador, y probablemente tendrán múltiples carreras. Son parte de una generación en la cual ni los empleados ni los empleadores esperan lealtad a largo plazo. Les gusta trabajar en equipo, aunque se sienten cómodos trabajando de manera virtual o fuera de la oficina. Y cada vez menos adultos emergentes quieren tener un trabajo típico, con horario de nueve a cinco. Aspiran, en cambio, a un mayor equilibrio que el de las generaciones anteriores. Están determinados a no permitir que el trabajo les controle la vida.

Afirmo que aquí podemos y debemos aprender mucho de los adultos emergentes. Diría que su visión es más bíblica que la de mi generación.

Desean un matrimonio y una familia saludables. No hay dudas de que cada generación quiere un matrimonio y una familia saludables, pero los adultos emergentes de hoy son aún más intencionales al respecto (una vez que deciden formar pareja y empezar a tener hijos, claro). Este hecho sorprende a muchos expertos en su cultura, dado que son más lentos para establecerse que las generaciones anteriores.

Consideran la tolerancia como un rasgo esencial del amor. Muchas veces consideran como una falta de amor el expresar cualquier tipo de desaprobación con respecto a la religión, sexualidad o estilo de vida de otra persona. Sin embargo, esta generación tiende a no tener el mismo nivel de tolerancia frente a puntos de vista opuestos en la política, y suele expresar abiertamente y con mucha firmeza su desacuerdo o desaprobación en estas cuestiones. Esto puede causar algunas discusiones fuertes en la mesa de Navidad. Además, muchos de los adultos emergentes de hoy tienen una cosmovisión poscristiana, lo que significa que ya no perciben el mundo desde la perspectiva de los valores cristianos. Esta es una de las razones por las cuales expresar desacuerdo o desaprobación con respecto al estilo de vida de otra persona (aunque lo que hace esté en conflicto con los principios bíblicos) es considerado como una falta de amor.

Itiel Arroyo, conocido predicador cristiano, amigo personal y adulto emergente, escribió en una ocasión en Instagram la siguiente frase: "En el Reino de Dios es más importante tener amor que tener razón". La suscribo totalmente. En muchas ocasiones, en encuentros o celebraciones con mis hijos, cuando la temperatura iba subiendo en los diálogos familiares alrededor de temas polémicos, mi esposa Sara y yo nos hemos mirado y sin palabras hemos acordado que el amor debe tener prioridad sobre el tener o no razón. ¿Vale la pena ganar un argumento a costa de perjudicar una relación?

Priorizan la búsqueda de la aventura. Esta generación de adultos emergentes valora mucho la aventura. Viajan a lugares exóticos, saltan desde aviones, practican deportes extremos, e incluso toman decisiones aventureras con respecto a dónde van a vivir. Cuando nuestra hija menor, Heidi, y su esposo Matt nos avisaron que se iban a mudar de la costa occidental del país a la costa oriental por nueve meses, nosotros les preguntamos qué era lo que les motivaba a mudarse. "Siempre hemos querido experimentar cómo es la costa oriental", dijo Heidi, "y pensamos que sería una buena idea hacerlo antes de tener hijos". Al principio tuvimos todas las preocupaciones que cualquier padre tendría acerca de la seguridad laboral y los factores del costo económico, pero cuanto más nos lo explicaban, mejor sonaba el plan. Cathy empezó a llamarlo "La aventura de los millennials". Seguramente tus hijos adultos también son más aventureros que la generación anterior.

Es posible que reconozcas en tu hijo adulto algunas de estas características, pero ¿sabías que esta etapa de la vida es algo relativamente reciente? El profesor de psicología Jeffrey Arnett fue el primero en acuñar la frase "adultez emergente" para describir los años entre la segunda etapa de la adolescencia y los primeros años como adulto. Tradicionalmente se creía que había cuatro etapas en la vida: niñez, adolescencia, edad adulta y vejez. Actualmente tenemos: infancia, niñez, adolescencia, adultez emergente, edad adulta y edad de adulto mayor. En su revolucionario libro *Emerging Adulthood* [Adultez emergente], Arnett describe cinco cualidades que caracterizan esta etapa entre la adolescencia y la edad adulta:

1. Exploración de la identidad. Los adultos emergentes permanentemente se están preguntando: *"¿Quién soy yo?"*. Se esfuerzan por descubrirlo, y para ello prueban diferentes opciones (en particular con relaciones románticas) y también diferentes carreras y trabajos.

2. Inestabilidad. "Cambio" es una palabra importante para los adultos emergentes. Como cambian tan frecuentemente de carrera universitaria, de pareja, de trabajo, e incluso de vivienda, la inestabilidad es parte de su experiencia cotidiana.

3. Enfoque en sí mismos. Los adultos emergentes tienden a postergar las responsabilidades, como por ejemplo el matrimonio y el convertirse en padres. Dado que cuentan con más libertad para explorar que la que tenían en su adolescencia, tienden a enfocarse en sí mismos y en sus propias necesidades y aspiraciones.

4. Sensación de estar "entremedio". Los adultos emergentes están en transición. Cuando se les pregunta si son adultos, a menudo contestan: "Sí y no". Ellos disfrutan de la libertad y las elecciones de vida de la edad adulta, pero saben que no han alcanzado la adultez plena aún (que incluye cuestiones como el matrimonio, ser padres, seguridad de empleo, etc.). La mayoría de los adultos emergentes, además, todavía reciben ayuda económica de sus padres.

5. Posibilidades y optimismo. Los adultos emergentes suelen tener una perspectiva positiva con respecto al futuro. Ellos ven todas las posibilidades delante suyo, y creen poder evitar cometer los mismos errores que sus padres u otros seres queridos en lo referente a las relaciones interpersonales y a la vocación.[6]

Mientras leía las características de los adultos emergentes que describe Arnett, de repente entendí por qué mis hijas adultas se comportan de la forma en que lo hacen. ¡Es como si él estuviera viviendo en nuestro hogar y escuchando nuestras conversaciones! Comprender que estas son características de toda esta generación de adultos emergentes (y no peculiaridades de nuestros hijos) puede ayudarnos a poner en perspectiva la relación con ellos, y tal vez a ser un poco más pacientes. Yo he empezado a utilizar el término "adultolescencia" para describir esta etapa de la vida. Sé que lucen como adultos, pero siguen teniendo latentes algunos rasgos de la adolescencia.

Si no prestamos atención a los pequeños detalles de la cultura cambiante de nuestros hijos, podemos olvidar que nosotros fuimos criados con una mentalidad cultural diferente. Llegar a comprender por qué nuestros hijos actúan y piensan de la manera en que lo hacen no eliminará toda la confusión que posiblemente tengamos, ni borrará las diferencias entre nuestras opiniones y las suyas, pero sí puede ayudarnos a entender por qué toman algunas decisiones que nos sorprenden y descolocan.

EL FACTOR AVERGONZANTE

Durante nuestras sesiones de grupos de enfoque en HomeWord, hubo por lo menos un padre en cada grupo que mencionó la decadencia moral que observaba en sus hijos y/o en la cultura de los jóvenes adultos en general. Empecé a darle a este declive moral el nombre de "factor avergonzante", porque estas cuestiones son las que más incomodan a los padres. Para comprender a los adultos emergentes debemos reconocer la falta de rumbo moral de esta era. Algunos adultos emergentes sin duda se opondrían a que lo describamos como una "falta de rumbo moral", pero la realidad es que la mayoría de los padres en nuestros grupos de enfoque expresaron una profunda preocupación por la falta de moralidad de esta generación. Un padre, que de casualidad también era director de cine de Hollywood, dijo: "Esta es la generación en la que experimentamos 'la muerte de la inocencia'". Cuando le pedí que nos diera un ejemplo, él dijo: "No es difícil encontrar tendencias preocupantes para mencionarles, pero como tengo hijos pequeños, ¿qué tal el hecho de que la edad promedio en la que un niño ve por primera vez pornografía es actualmente a los once años de edad?". Él tenía razón. Esta generación ha perdido su inocencia, y esto afecta la vida de los niños más allá de la niñez y hasta la vida adulta. La pérdida de la inocencia a veces conduce a experimentaciones y a comportamientos que entran en conflicto con la moral que el niño aprendió en su hogar. Y aunque este no es un libro en el que vayamos a analizar cada cuestión moral de hoy en día, sí quiero tratar brevemente dos temas que los padres de hijos adultos mencionan reiteradamente como causas de preocupación: la pornografía y la decisión de irse a vivir juntos con su pareja.

La pornografía

La adicción a la pornografía casi parece ser la norma para los hijos de los padres con quienes he hablado. Esto significa que tenemos una generación entera de jóvenes que están por llegar a la edad adulta con una experiencia y una perspectiva distorsionadas acerca de la sexualidad humana. El patrón, que crece hasta convertirse en una adicción, se desarrolla más o menos de la siguiente manera: comienza cuando ellos ven pornografía y las imágenes quedan almacenadas en sus mentes y conectadas en forma bioquímica con el placer. Rápidamente se vuelven adictos, porque su cerebro les dice: *"¡Quiero ver más!"*. Luego se intensifica su costumbre de ver pornografía. Poco a poco van quedando desensibilizados, y lo que les hubiera parecido repugnante o inaceptable un año atrás, o hace dos meses, ahora ya no les resulta ni repugnante ni inaceptable. Lo que antes era inadmisible ahora se ha convertido en normal. Finalmente, la última etapa de la adicción a la pornografía es el deseo de llevarla a la acción. Primero, se imaginan el acto sexual en su mente y luego lo llevan a la realidad con otra persona. Muchas de las primeras experiencias sexuales que los jóvenes tienen hoy en día son una imitación de la pornografía que han visto. Esta epidemia de pornografía está cambiando la manera en que los jóvenes adultos ven y participan en la intimidad tanto física como emocional. Por supuesto, la manera más eficaz de combatir el uso de la pornografía es una buena y saludable educación sexual cuando nuestros hijos son pequeños. Los expertos dicen que cuanto más positiva y centrada en valores sea la educación sexual que los niños reciben de sus padres, menos promiscuos tenderán a ser cuando crezcan.

Incluso si te perdiste la oportunidad de darles una educación sexual mientras eran pequeños, aún puedes acompañar a tus hijos ahora que son grandes, aunque desde otro ángulo. Sí, es muy tarde para darles una charla introductoria sobre el tema, pero no es tarde para tener una conversación de adulto a adulto con ellos. Conozco a muchos padres que lograron brindarles los recursos correctos en el tiempo justo a sus hijos jóvenes adultos, como para que ellos pudieran conseguir la ayuda que necesitaban.

Cuando Bob y Barbie sospecharon que su hijo estaba luchando con una adicción a la pornografía, comenzaron a averiguar y encontraron páginas web, artículos y programas de tratamiento que podrían ayudarle. Barbie creó un archivo de recursos y luego ella y Bob esperaron *durante dos años* hasta que un día su hijo adulto mencionó en forma casual algo acerca de la lucha de su generación con la adicción a la pornografía.

"Puedo imaginar cuán difícil debe ser animarse a pedir ayuda cuando alguien se encuentra en esa situación", dijo Bob. "Tu madre y yo hemos estado guardando en un archivo los recursos que vamos encontrando y que creemos que pueden ayudar a las personas que estén luchando con una adicción a la pornografía. Pensamos que sería útil algún día si alguien de la iglesia o alguien que conocemos buscara ayuda".

Bob hizo un muy buen trabajo mostrando apertura y manteniendo el tema impersonal. Más tarde ese día, su hijo les pidió ver el archivo de recursos. Aunque no les dijo que él tenía un problema, se pasó el resto del día leyendo los archivos que su madre había recolectado. Muchos meses más tarde, él les contó que el archivo de recursos para la lucha contra la pornografía le había sido muy útil. Así, Bob y Barbie pudieron brindarle ayuda de una forma que evitó alejar a su hijo, y él encontró respuestas para vencer y superar su adicción, y tuvo la oportunidad de rendir cuentas cuando estuvo listo para hacerlo.

> *Los datos realmente son espeluznantes, no sólo entre los jóvenes sino también entre los padres de esos jóvenes que es posible que estén batallando con el mismo problema que sus hijos. México, Brasil, Argentina y Colombia están entre los veinte países del mundo que más pornografía masculina consumen. Por otro lado, aunque se hable menos de ello, el consumo entre mujeres no para de crecer. Tristemente, Colombia, México y Argentina ocupan los números dos, tres y cuatro en esta clasificación mundial. Todas estas cifras corresponden al año 2022.*

La decisión de irse a vivir juntos con su pareja

El porcentaje de adultos jóvenes que deciden irse a vivir en pareja antes de casarse ha mostrado un incremento dramático en los últimos tiempos. En 2006, la Oficina del Censo en los Estados Unidos informaba que 4,85 millones de parejas cohabitaban, en comparación con 439.000 parejas que lo hacían en 1960.[7] Otra estadística indica que el porcentaje de mujeres de 19 a 44 años de edad que han cohabitado alguna vez ha aumentado en un 82% en los últimos veintitrés años.[8]

Aunque existe una variedad de opiniones acerca del tema, hay muchos expertos en relaciones interpersonales que, a pesar de no estar en desacuerdo por razones morales ni espirituales, están genuinamente preocupados por las consecuencias ocultas de la cohabitación. Por ejemplo, según investigaciones del reconocido sociólogo Andrew Cherlin de la Universidad John Hopkins, "Los matrimonios que han vivido juntos antes de casarse tienen un índice de ruptura un 50% mayor que los matrimonios sin cohabitación prematrimonial". Otros expertos indican que las personas que han cohabitado tienen entre un 50% y un 80% más de probabilidades de divorciarse que las parejas que nunca cohabitaron.[9]

Además, las parejas que conviven suelen expresar un nivel menor de satisfacción en la relación que las parejas que se casan. Y son muchos los estudios que demuestran que aquellos que cohabitan tienen niveles mucho más altos de infidelidad sexual que las parejas casadas. De acuerdo a un estudio realizado por la Universidad de California, Irvine, "La probabilidad de una infidelidad es más del doble para los que cohabitan que para las personas casadas".[10]

La realidad es clara: los estudios científicos indican que irse a vivir juntos sin casarse es una mala elección.

Por supuesto, las cuestiones que avergüenzan a los padres no se limitan a la pornografía y la cohabitación. En nuestros grupos de enfoque surgieron muchos otros temas que son causa de profunda preocupación para padres y madres, como por ejemplo la confusión en la identidad de género, el uso de drogas, el consumo de alcohol, problemas con la ley, confrontaciones políticas extremas, el cambio de religión o el ateísmo, solo por nombrar algunos de los tópicos que pueden dar origen a conversaciones incómodas alrededor de la mesa en las fiestas y otras reuniones familiares. Para sortear estos temas y mantener una relación positiva con nuestros hijos, necesitamos descubrir cómo vivir en lo que yo llamo "el complicado punto medio".

El complicado punto medio es donde nos encontramos cuando nos aferramos a la sólida base moral en la que creemos, mientras al mismo tiempo amamos a nuestros hijos y a las demás personas que han elegido un camino diferente. No es fácil para nadie. Es complicado. Pero la clave es entender que aún podemos amar a nuestros hijos, aunque no estemos de acuerdo con ellos o no aprobemos sus elecciones. Vivir en el complicado punto medio es a veces confuso, pero es una de las maneras más eficaces de impactar sobre esta generación. En breve hablaremos más acerca de cómo vivir en el complicado punto medio, pero primero debemos abordar un factor más.

> *Podemos amar a nuestros hijos, aunque no estemos de acuerdo con ellos o no aprobemos sus elecciones.*

Sara y yo hemos aprendido de primera mano cuán difícil y a la vez necesario es vivir en ese punto medio. Las decisiones de nuestros hijos pueden producir un amplio abanico de emociones, desde la rabia hasta la frustración, y una profunda sensación de fracaso personal. Es legítimo sentir de ese modo pero, al mismo tiempo, es necesario gestionar nuestros estados emocionales con el Señor y no olvidar que nuestras vidas personales y matrimoniales continúan siendo un evangelio que los hijos leen cada día, y que la gracia y el amor incondicional —que no significa endorsar conducta— que Dios tiene para con nosotros es el que debemos mostrar para con nuestros hijos.

EL FACTOR DE LA FE

No solo ha habido un terremoto cultural en diversos asuntos que causan vergüenza a los padres, sino que también ha ocurrido un cambio sísmico en la manera en que los adultos emergentes ven los temas espirituales. Muy pocos están involucrados en la iglesia. De acuerdo a estudios recientes, el ateísmo se ha duplicado entre los de la Generación Z.[11] Las investigaciones de David Kinnaman sobre los adultos emergentes y el cristianismo encontraron que tanto los adultos jóvenes cristianos como los no cristianos, tenían una imagen negativa sobre ciertos aspectos la iglesia cristiana. Esta es una lista con algunas de las palabras que las personas de fuera de la iglesia utilizaron para describir a la iglesia cristiana:[12]

• Homofóbica: **91%**
• Juzgadora: **87%**

- Hipócrita: 85%
- Demasiado política: 75%
- Desconectada de la realidad: 72%
- Insensible a los demás: 70%
- Aburrida: 68%
- Intolerante con otras religiones: 64%
- Que causa confusión: 61%

El que sean o no ciertas estas descripciones podría ser debatido. Pero como padre de hijos adultos, creo que estarás de acuerdo en que es así como los adultos emergentes ven a la iglesia.

Y aquí, una vez más, la manera que escogemos para conversar sobre nuestra fe y nuestros valores con los jóvenes adultos es extremadamente importante. ¿Necesito decir que andar a los gritos, sermonear o discutir simplemente no darán resultado? Ellos querrán escaparse de un sermón, pero nadie se opone jamás a una conversación amorosa, bien pensada, en la cual sus opiniones son escuchadas, generándose un diálogo saludable. Nuevamente estamos en "el complicado punto medio". Podemos estar en desacuerdo con nuestros hijos adultos y al mismo tiempo mostrarles amor. Pero ellos quieren ser escuchados.

Existen también algunos rasgos positivos en esta generación cuando se trata de la fe y la espiritualidad. Es verdad, muchos de ellos están dejando la iglesia después de la secundaria, pero varios de los que se alejan encuentran el camino de regreso una vez que se casan y se establecen. Hay unas cuantas iglesias maravillosas que ejercen una influencia espiritual positiva buscando alcanzar a esta generación. Muchas veces me invitan a hablar en algunas de ellas y, aunque las reuniones no tienen la misma presentación que las tradicionales, la frescura funciona bien para las generaciones más jóvenes (y para algunos de nosotros, ya más grandecitos, también). Y ciertamente las verdades bíblicas son capaces de transformar los corazones de los adultos emergentes.

También es significativo mencionar que el rechazo de la iglesia no implica necesariamente el de la espiritualidad o de Jesús como un referente significativo para la humanidad. De algún modo las iglesias —hablo como pastor hemos hecho y estamos haciendo un pésimo trabajo en dar credibilidad al mensaje de Jesús. Nuestras divisiones internas, los escándalos protagonizados por líderes relevantes, los abusos de poder y la percepción que las nuevas generaciones tienen del cristianismo —algo que está directamente relacionado con la imagen que proyectamos— no han ayudado a que muchos jóvenes adultos vean significativa la fe de sus padres. Todo ello exige por nuestra parte una saludable autocrítica acerca de cuál es nuestra parte de responsabilidad en todo ello.

Seis estrategias para mantener a los jóvenes adultos involucrados con su fe y con la iglesia

Mi amiga Kara Powell y sus asociados en el Fuller Youth Institute han realizado un trabajo sobresaliente en la investigación de las necesidades de los jóvenes adultos. En el libro *Creciendo juntos* ellos identifican seis estrategias esenciales para ayudar a los jóvenes adultos a mantener el entusiasmo por su fe y su participación en la iglesia.

1. Promover un liderazgo compartido. En vez de centralizar la autoridad, empoderar a otros —especialmente a los jóvenes— para liderar. Los jóvenes adultos apoyarán aquello que ayudaron a crear.

2. Empatizar con la juventud de hoy. En vez de juzgar o criticar, colocarse en los zapatos de esta generación. Ellos anhelan ser comprendidos.

3. Tomarse en serio el mensaje de Jesús. En vez de declarar doctrinas, mostrarles a los jóvenes cómo es un estilo de vida centrado en Él. Desafiarlos con lo que verdaderamente significa seguir a Jesús.

4. Fomentar una comunidad cálida. En vez de enfocarse en tener una adoración impactante y programas modernos, concentrarse en crear amistades cálidas entre pares, y también intergeneracionales. Esto es lo que los mantendrá involucrados en la iglesia.

5. Priorizar a los jóvenes adultos (y a sus familias) en todo. En vez de declarar cuánto significan los jóvenes, buscar maneras creativas de apoyarlos, proveerles recursos e involucrarlos en todas las facetas de la comunidad de fe. Ellos no quieren ser espectadores, quieren participar. De lo contrario se alejarán y encontrarán otro lugar para involucrarse.

6. Ser los mejores vecinos. En vez de condenar al mundo que está fuera de las paredes de la iglesia, capacitar a los jóvenes para que sean los mejores vecinos en la comunidad local y global. Ellos se identifican con el mensaje "el llamado a Cristo es el llamado a servir". [13]

CÓMO MANTENER UNA RELACIÓN POSITIVA EN EL COMPLICADO PUNTO MEDIO

Ya sea que nuestros hijos estén luchando con un factor avergonzante o con un factor que tiene que ver con la fe, no hay dudas de que mantener una relación saludable con ellos puede resultar todo un desafío. En un minuto sentimos que nuestros hijos adultos vienen de otro planeta, y al minuto siguiente vemos destellos de esperanza que nos dicen que, después de todo, sí son nuestros hijos. Cada hijo toma su propio camino hacia la adultez, pero seguramente si les mostramos amor y comprensión mantendrán los vínculos que los unen a nosotros.

Ahora bien, dada la mentalidad cultural cambiante, ¿qué podemos hacer para mantener vínculos sanos con ellos mientras se independizan, al tiempo que nos mantenemos en el complicado punto medio? Estas son tres cosas que puedes hacer:

1. Encuéntralos en su terreno

No es necesario estar de acuerdo con tus hijos para encontrarlos en su propio terreno. Encontrarte con ellos en su terreno significa experimentar el mundo en el que viven y por el cual son influenciados.

Un año, cuando una de mis hijas tenía dieciocho, le pedí que me llevara a un concierto de una banda que le gustaba mucho. ¡Debo admitir que eran músicos muy talentosos! No quedé encantado con todos los aspectos del concierto, claro, y tampoco estuve de acuerdo con algunas palabrotas que salían de la boca del cantante principal. Pero ir a ese concierto me ayudó a entender quiénes

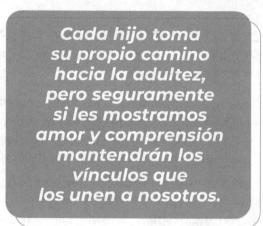

Cada hijo toma su propio camino hacia la adultez, pero seguramente si les mostramos amor y comprensión mantendrán los vínculos que los unen a nosotros.

estaban influenciando a mis hijas. Y, lo más importante, disfrutó el hecho de que yo estuviera con ella en su territorio.

Nuestros hijos adultos rara vez rechazarán una invitación para salir a cenar o compartir una experiencia divertida si nos guardamos nuestras opiniones y simplemente nos dedicamos a disfrutar de su compañía. Por difícil que resulte, a veces lo mejor es detener la dinámica padre-hijo e intentar tener más una experiencia de adulto a adulto. Cuando tus hijos son grandes realmente sí esperan recibir de ti sabiduría y guía, pero ellos también quieren que veas y comprendas quiénes son en su propio territorio.

Conozco a un matrimonio que visitó recientemente a su hija en Washington D.C., donde ella vivía. Le pidieron a ella que planificara su visita de cuatro días con todo lo que ella quisiera hacer y lo que quisiera mostrarles, como para ver la ciudad a través de sus ojos. Después de terminada la visita, estos padres admitieron que probablemente ellos no hubieran elegido los restaurantes o los sitios que la chica les mostró, pero consideraron que la visita fue un éxito porque disfrutaron un tiempo maravilloso con ella y pudieron comprender mucho mejor cómo era su vida. ¡Qué padres tan sabios!

> *Mis hijos están casados y tiene sus propios hijos. Ambos trabajan y su vida es tan compleja y complicada como la nuestra, ¡y en ocasiones más! Sara y yo siempre hemos tenido claro que no habrá influencia si no pasamos tiempo con ellos y si no dejamos que sus vidas estén expuestas a las nuestras, y que nuestras vidas deben caracterizarse por el amor, la gracia y la aceptación incondicional. Para poder llevar a cabo esto es preciso intencionalidad, proactividad y voluntad para buscar ese tiempo de calidad con ellos.*

2. Sé un estudioso de su cultura

De la misma manera en que posiblemente hayas experimentado diferencias generacionales con tus padres, es natural que tengas diferencias generacionales con tus hijos. Por ejemplo, yo me crie en lo que alguna vez fue considerada "una familia tradicional": mi papá trabajaba y mi mamá se quedaba en casa. La manera que tenía mi mamá de mostrarnos amor era cocinando y cuidando de nuestro hogar. Mi mamá ni siquiera sabía cómo usar una chequera; mi padre mostraba su amor por nuestra familia trabajando siete días a la semana. No estoy diciendo que esta fuera la manera más saludable de vivir, pero funcionó para ellos.

Cuando Cathy y yo nos casamos, compartimos muchos de los trabajos hogareños. Cathy trabajaba fuera del hogar y ella estaba a cargo de nuestra chequera. Hoy, ninguna de nuestras hijas adultas tiene una chequera porque usan tarjetas de débito y pagan las cuentas online. Ellas viven y se involucran en las relaciones interpersonales de una manera muy distinta a la de mis padres, y un poco distinta a la manera en que lo hacemos Cathy y yo. Para comprender por qué cada uno se comporta como lo hace, es importante que cada generación pueda reconocer algunas de las cosas que la diferencian de las demás.

Las generaciones en el mundo actual

Conocer las diferencias entre las distintas generaciones muchas veces nos ayuda a comprender por qué pensamos y actuamos de la manera en que lo hacemos. Es fascinante ver como cada generación enfrenta la vida en forma un poco diferente. Aquí tenemos un breve resumen de las características de todas las generaciones que coexisten en la actualidad:

• *Mayores (nacidos antes de 1946).* Han sido llamados 'la generación grandiosa' y también 'la generación silenciosa'. Ellos han trabajado duro. Son tradicionalistas. La lealtad tiene para ellos un valor significativo y es algo que los caracteriza.
• *"Baby Boomers" (nacidos entre 1946 y 1964).* También tienen una fuerte ética de trabajo. Son ingeniosos, orientados hacia la meta y seguros de sí mismos.

- *Generación X (nacidos entre 1965 y 1983).* Esta es la generación de MTV. Son autosuficientes, a veces cínicos, y tienen una tendencia a desafiar el statu quo.
- *"Millennials" o Generación Y (nacidos entre 1984 y 1998).* Son aventureros, emprendedores, y tienen un estilo de vida digital.
- *Generación Z (nacidos entre 1999 y el presente).* Son conocidos por valorar la inclusividad, la neutralidad de género y el feminismo. Esta generación dejó de lado Facebook y se pasó a Snapchat. Pocos de los miembros de este grupo permanecerán en el mismo trabajo durante toda su carrera.

Nuestra tarea como padres no es estar de acuerdo con todos los valores de la cultura de nuestros hijos, sino buscar alcanzar una comprensión mayor acerca de cómo la cultura influencia la manera en que ellos piensan y actúan. Una comprensión más amplia de su cultura nos ayudará a comunicarnos y conectarnos mejor con nuestros hijos. Y ser conscientes de las diferencias generacionales también puede ayudarnos a discernir en cuáles batallas involucrarnos y cuáles dejar pasar. Cuando evitamos las batallas pequeñas, tenemos una mayor probabilidad de que nos permitan enfrentar junto a ellos las más grandes.

3. Ejerce tu rol parental con un gran amor

Mi madre era todo un personaje. Para mis hijas, estar con ella era sinónimo de fiesta. Cuando estabas en presencia de mi madre, tú sabías que eras amado y aceptado, incluso si ella no estuviera de acuerdo con tu estilo de vida. Mi madre había nacido en 1922, así que ella definitivamente era parte de la generación mayor, pero las personas que la conocieron, sin importar de qué generación eran, todas la amaron y fueron grandemente influenciadas por ella.

Ella se ha ido hace muchos años ya, pero a menudo reflexiono sobre las cualidades que le permitieron abrazar a todas las generaciones mientras al mismo tiempo continuaba manteniéndose fiel a su brújula moral. A través de los años se le acercaron una variedad de personas, tanto jóvenes como mayores, pero eran principalmente los jóvenes quienes eran atraídos hacia ella. Mi madre se reía con ellos. Les daba de comer. Escuchaba sus historias, y casi siempre se privaba de emitir juicio. Ellos la amaban y nunca se cansaban de pasar tiempo con ella. Cuando yo cursaba el colegio secundario, mis amigos a veces pasaban por mi casa para preguntar si yo estaba ahí. Si ella decía: "Está en el gimnasio jugando baloncesto", en vez de dirigirse al gimnasio para buscarme, preguntaban: "¿Puedo entrar y pasar tiempo con usted, señora Burns?". Mi madre siempre los hacía sentir bienvenidos, y a menudo les compartía algún postre delicioso.

No fue hasta que ella murió que entendí el secreto de su influencia y del impacto de su vida sobre los demás. Era sencillo: en su rol de madre, y en su relación con las generaciones más jóvenes, ella siempre mostró un gran amor. Ofrecía afecto, calidez y aliento. Ella inundaba a todo el mundo con amor, aunque no necesariamente estuviera de acuerdo con sus acciones. Repartía muchos abrazos y palabras de afecto. Recibía a las personas en su casa con un cariño sincero. Su tono y su manera de ser eran amorosos y receptivos. Ella no era una estudiosa de la cultura. No era muy *cool*, y ciertamente no era experta en las últimas tecnologías. Pero los jóvenes que la conocían sabían sin lugar a dudas que ella los amaba. Les demostraba amor de una manera natural, y cuando le pedían su opinión, la expresaba porque se había ganado el derecho a ser escuchada.

Hoy, que yo mismo ya soy abuelo, intento recordar que no importa lo que la nueva generación crea o haga, siempre les puedo dar una gran dosis de afecto, cariño y aliento. Y tú también lo puedes hacer.

Incluso cuando haya aspectos de la cultura de nuestros hijos que no comprendamos o que no podamos abrazar, igual podemos avanzar hacia el desarrollo de una relación positiva de adulto a adulto con ellos. Tal vez tengamos que aceptar que estaremos en desacuerdo sobre ciertos asuntos, pero eso no debería impedirnos profundizar nuestra relación

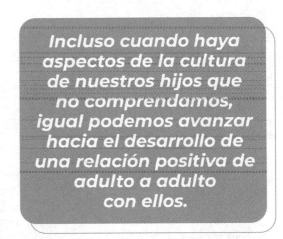

Incluso cuando haya aspectos de la cultura de nuestros hijos que no comprendamos, igual podemos avanzar hacia el desarrollo de una relación positiva de adulto a adulto con ellos.

e invertir en disfrutar momentos significativos juntos. Nadie dijo que sería fácil, pero hay esperanza para aquellos que perseveran.

Estos comentarios finales son muy importantes y nos invitan a una profunda reflexión: ¿nuestros hijos se sienten amados y aceptados incondicionalmente? ¿Sienten que, a pesar de posibles desacuerdos, los respetamos como los adultos que son? Y, como fruto de esta reflexión, ¿qué deberíamos cambiar o qué deberíamos seguir haciendo para preservar esa relación tan valiosa?

Capítulo 4

Cómo criar a un hijo grande que se siente con demasiados derechos

Principio 4:

Nunca sabrán cuán lejos está el pueblo si siempre los llevas cargados en tu espalda.

> *"¡Cómo me gustaría que mi hija de veintidós años se hiciera cargo de concertar sus propias visitas al dentista!".*

En mi oficina hay un apuesto joven llamado John, que vino acompañado por su madre y su padre. John tiene media sonrisa en la cara, casi como si disfrutara de la conversación, pero sus brazos cruzados también demuestran que está un poco a la defensiva. Es obvio que estos padres no están a gusto. Su mamá está nerviosa y preocupada, y no puedo distinguir si su papá está más enojado con su esposa o con él, pero es obvio que está frustrado. La madre toma la palabra la mayoría de las veces, pero mira constantemente a su esposo buscando su respaldo, y este se rehúsa a dárselo. La madre lo describe como un joven inteligente que acaba de graduarse de la universidad. Me comenta que él estuvo involucrado en una fraternidad y que iba de fiesta en fiesta en sus años de universidad, que no se esforzó mucho en sus estudios, y que dilató un programa que debía durar cuatro años y lo terminó en seis, mientras sus padres se hacían cargo de todos sus gastos. Después de recibirse, y de hacer un largo viaje para surfear (solventado por sus padres), había vuelto a casa hacía ocho meses. El problema, me dice la madre, es que actualmente John no tiene un empleo bien pago, se pasa las noches de fiesta con sus amigos y al otro día se levanta tarde. Su madre y su padre todavía se hacen cargo de todos sus gastos, incluyendo su celular y wifi, y por ende el joven no cuenta con mucha motivación para buscarse un empleo como la gente. Ella todavía le lava la ropa y le prepara la cena, muchas veces en un horario distinto al del resto de la familia, y aún le tiende la cama.

"¡Sean tiene un problema!", dice su madre bruscamente. Esta vez, cuando se dirige a su esposo buscando respaldo, este asiente con la cabeza indicando que está de acuerdo.

"No creo que John tenga un problema", respondo yo. Todos, inclusive John, me miran con asombro. "Creo que ustedes dos son los que tienen un problema", les digo a los padres. "Él ha vivido siempre en un escenario demasiado favorable. Si quieren que llegue a ser un adulto responsable, denle algunos límites y expectativas. Fijen un plazo razonable, a partir de este mismo momento, para que él no reciba más dinero de su familia".

John dejó de sonreír.

¿ESTÁS AYUDANDO A TU HIJO ADULTO A CRECER, O LO ESTÁS FRENANDO?

La pregunta que los padres de John deberían haberse hecho mucho tiempo antes es: "¿Estamos ayudando a nuestro hijo para que llegue a ser un adulto responsable, o estamos permitiendo (o alentando) que continúe siendo un adolescente irresponsable?". Nuestra intervención frena el desarrollo cuando hacemos por los demás lo que ellos pueden (y deberían) hacer por sí mismos. La *Hazelden Betty Ford Foundation* distingue entre estas dos formas de intervenir en la vida de alguien, explicando que frenamos el desarrollo de una persona cuando la aislamos del pleno impacto y de las consecuencias de su proceder. Y dice: "Esto es distinto de ayudar o de brindar apoyo, porque esto le permite a la persona ser irresponsable". [14]

No es difícil reconocer esta dinámica en la relación entre John y sus padres. Cuando te comportas de esta manera, creas un ambiente en el que tu hijo o hija adultos pueden cómodamente continuar con su proceder inaceptable. Si estás intentando constantemente apaciguar el dolor de tus hijos o protegerlos del sufrimiento, solo lograrás que sean más dependientes de ti. En su libro *Setting Boundaries with Your Adult Children* [Fijando límites con tus hijos adultos], la autora Allison Bottke escribe: "Tomar conciencia de la parte que nosotros mismos jugamos en permitir esta dinámica es un paso fundamental hacia el éxito". [15] Si no somos conscientes de nuestra participación en el proceso que está frenando su crecimiento, es posible que nuestros hijos no lleguen jamás a la meta de ser adultos responsables. Si los padres de John no pudieran reconocer su participación en esta dinámica familiar que permitía que él siguiera tomando malas decisiones, entonces su hijo seguiría viviendo de la misma manera. Esto no significa que no debamos ayudar nunca a nuestros hijos; esa es una parte importante de ser padres. Pero no podemos estar siempre haciendo todo por ellos y salvándolos de las consecuencias de sus propios errores.

> *Mi esposa y yo hemos utilizado el consejo que da el apóstol Pablo en su carta a los Gálatas donde afirma que cada uno debe llevar su propia carga. La palabra griega usada es "impedimenta" y se refiere al equipaje que un soldado romano llevaba cuando estaba en marcha. Podrían ser alrededor de treinta kilos y cada legionario era responsable porque era su equipo. El principio es que hay cargas que son responsabilidad de nuestros hijos y no nuestras. Naturalmente, ellos gustosamente nos permitirán llevarlas; de ese modo es más cómodo para ellos el tránsito por la vida. Pero, por mucho que nos pueda doler, en ocasiones no somos responsable de tomarlas y hacemos mal en asumirlas. Sé que muchos pensarán que el apóstol en el mismo pasaje indica que sobrellevemos los unos las cargas de los otros. ¡Correcto! De nuevo el idioma griego nos ayuda. La palabra describe un peso que por su envergadura es imposible que sea llevado por una persona y, por tanto, precisa de ayuda. Como padres debemos aplicar discernimiento para saber en qué casos corresponde ayudar a llevar la carga y en qué casos no.*

Mis amigos Bob y Cheryl son un perfecto ejemplo de esta idea de ayudar y empoderar en lugar de ser demasiado protectores y permisivos con nuestros hijos adultos. Ellos criaron a sus tres hijos en un hogar cristiano lleno de amor, e inculcaron valores firmes y una perspectiva bíblica en su familia. Cuando su hija universitaria, Amanda, fue detenida por la policía y luego fue arrestada por conducir bajo la influencia del alcohol, Bob y Cheryl se sintieron destrozados. No podían creer que Amanda hubiera tomado una decisión tan mala. Pero también creían que ella era fundamentalmente una persona buena que había cometido un serio error. Tomaron en consideración que el nivel de alcohol en su sangre estaba apenas cruzando el límite, y entonces decidieron apoyarla, pero sin sobreprotegerla.

No les hubiera costado mucho a Bob y Cheryl conseguir un abogado que lograra que el castigo fuera muy leve, pero eligieron no hacerlo. Después de conversarlo mucho y de orar mucho, ellos decidieron que lo mejor para su hija era hacerse cargo de la totalidad de las consecuencias de su proceder. Esto resultó en que anularan su licencia de conducir durante un año, en que tuviera que asistir a unas clases especiales para personas que han conducido bajo la influencia del alcohol (cosa que es humillante para un joven adulto), en que tuviera que pagar más por el seguro de su vehículo durante diez años, y en que el incidente quedara registrado en su ficha de antecedentes policiales también durante el lapso de diez años. Hace casi diez años que sucedió esto, así que las consecuencias para Amanda pronto terminarán. Cuando les pregunté a Bob y Cheryl si lamentaban su decisión, ellos contestaron: "En absoluto. Ayudar a que Amanda aprendiera el principio de 'lo que se siembra, se cosecha' fue más importante que ayudarla a evitar el castigo de la ley". Amanda nunca volvió a repetir su error, y ahora tiene una mirada más saludable respecto de las consecuencias de sus decisiones, en gran parte porque sus padres no la sobreprotegieron del resultado de sus acciones.

Aunque es natural querer proteger a nuestros hijos, debemos romper el hábito de ser demasiado permisivos y de ayudarlos demasiado en todo. Esto solo logra que sean más dependientes y que se sientan con mucho derecho a recibir sin dar nada a cambio, y nuestra meta siempre debe ser ayudarlos a progresar hacia la madurez y la independencia. En el maravilloso libro de John Townsend titulado *The Entitlement Cure* [La cura para el sentido de privilegio], él escribe: "Hay una forma correcta de vivir, y es avanzar por el camino duro. Es trabajoso pero *funciona*, y te evitará un sinnúmero de desvíos en la vida". [16] El camino duro al que se refiere Townsend significa no tomar atajos ni buscar la manera más fácil de escapar de una situación. Consiste, en cambio, en tomar la decisión de dedicarse a lo más importante y a lo que producirá los mayores resultados. Permitirles a nuestros hijos cualquier cosa, y ayudarlos siempre en todo, hace que crezcan pensando que solo tienen derechos y ninguna obligación. Por el contrario, fijarles límites y expectativas claras los ayuda a madurar hacia una responsabilidad saludable.

Los padres debemos ser muy honestos con nosotros mismos: ¿ayudamos porque nuestros hijos lo necesitan o tal vez porque nosotros lo necesitamos? Es posible que estemos generando una codependencia porque satisface nuestra necesidad de sentido, de propósito y de ser útiles. Si son dependientes todavía tenemos algo de control, todavía somos necesarios. No es fácil, pero debemos llegar al fondo de cuál es nuestra auténtica motivación para ayudar.

NEGOCIANDO LOS LÍMITES

Ser buenos padres de un joven adulto requiere que podamos establecer límites saludables para nuestros hijos, y luego hacerlos responsables de respetar esos límites. A medida que progresan hacia la edad adulta, la meta es que podamos deshacernos del peso de la responsabilidad sobre nuestras espaldas, y que podamos colocarla firmemente en la espalda de nuestro hijo o hija cuando sean grandes. Este concepto encaja perfecto con el dicho: "Nunca sabrán cuán lejos está el pueblo si siempre los llevas cargados en tu espalda".

Perlas de sabiduría sobre el tema de fijar límites
Aquí te comparto algunas frases útiles que te servirá recordar sobre el tema de fijar límites:
• *"Tú te lo ganaste"*. En otras palabras, "tú te ganaste el resultado negativo y las consecuencias de tus acciones". Este es el principio de 'cosechas lo que siembras'. Se utiliza a menudo en el movimiento de recuperación con las personas que abusan del alcohol y las drogas, pero también da buen resultado en esto de fijar y hacer cumplir los límites. Cuando nuestros hijos grandes toman malas decisiones, podemos decirles que se ganaron las consecuencias. Aprender que todas nuestras acciones traen consecuencias es una lección esencial para los adolescentes y también para los jóvenes adultos.
• *"Puedes elegir entre el dolor de la autodisciplina ahora o el dolor de lamentarte después"*. Todos sabemos que en la vida hay dolor. Pero podemos elegir el dolor de ser disciplinados o el dolor de vivir lamentándo-

nos. Permitirles todo y darles todo a nuestros hijos les quita la oportunidad de desarrollar su autodisciplina.

• *"No puedes desearlo más de lo que ellos lo deseen"*. Si tus hijos no desean tomar buenas decisiones, por mucho que lo desees tú, no podrás cambiar las cosas. Si nuestros hijos ya son grandes y no están tomando buenas decisiones, o si han hecho un desastre con sus vidas, debemos permitir que ellos limpien el desastre. Hay consecuencias por nuestras decisiones, buenas y malas. Hasta que tus hijos decidan que quieren las buenas consecuencias, no puedes presionarlos con tus anhelos a que tomen las decisiones correctas.

• *"Cuando el dolor por continuar igual sea mayor que el dolor de cambiar, ellos cambiarán"*. Un padre me dijo: "Yo sabía que mi hija estaba tomando malas decisiones. Pero también sabía que cuando el dolor que le provocaban sus malas elecciones llegara a un punto límite, ella tendría la capacidad para tomar mejores decisiones". Parece ser que la mayoría de las lecciones en la vida las aprendemos en la escuela de las caídas y los golpes. Y a veces nuestros hijos grandes aprenden mejor a través del dolor que les producen sus malas decisiones.

Negociar los límites puede ser en extremo desafiante, pero el dicho es acertado: "Las buenas cercas hacen buenos vecinos". Los límites les dan a tus hijos grandes la oportunidad de crecer y prosperar, al proveerles una estructura para una independencia saludable. Algunos podrían preguntar: "¿Puedo acaso fijar límites y seguir siendo un padre que los ama?". La respuesta es un rotundo ¡sí! Establecer límites no es egoísta ni es una falta de amor, sino que es la mejor manera de darles las alas para que puedan llegar a ser adultos responsables. Si tú cargas con las responsabilidades que deberían llevar tus hijos ya grandes, solamente estarás perpetuando una dependencia insalubre que no permitirá que aprendan a tomar decisiones saludables respecto a su estilo de vida. Al establecer límites apropiados, estás poniendo por obra el mandato bíblico que dice: *"Cada cual tiene que cargar con su propia responsabilidad"* (Gálatas 6:5). Cada persona tiene responsabilidades que solo él o ella debe cargar. Los límites son una manera de mostrar amor, porque conducen hacia la responsabilidad por las propias acciones. Para negociar límites saludables con tu hijo adulto necesitas hacer dos cosas: expresar las expectativas claramente y desarrollar un plan de acción.

Nadie puede negar que el mejor padre de la Biblia es Dios. En Génesis capítulos 2 y 3 vemos cómo, precisamente porque les amaba, estableció claros límites para sus hijos: qué podían comer y qué no. Y, al mismo tiempo, indicó con claridad las consecuencias de las conductas: "Si comes morirás". Cuando lo hicieron, desobedeciendo claramente los límites establecidos por el padre amoroso, no quedaron impunes, sino que tuvieron que afrontar las consecuencias de sus acciones.

Expresar las expectativas claramente

Después de graduarse de la universidad, Julie se mudó a otra parte del país. Esperaba conseguir un trabajo, encontrar alguien con quien compartir la renta del apartamento, y empezar a vivir como un adulto responsable. Sus padres, John y Olivia, estaban orgullosos de su graduación de la universidad y ansiosos por ayudarle a realizar la transición hacia la independencia. Le dijeron que ellos pagarían su primer mes de alquiler y los gastos de la mudanza, que seguirían pagando la cuota de su automóvil y el seguro médico, y que le darían algo de dinero cada mes durante algunos meses hasta que encontrara un trabajo. Un mes más tarde, todo cambió cuando Julie se mudó a vivir con su nuevo novio. La cohabitación no era lo que ellos anhelaban para su hija.

Tomaron un avión para ir a verla y para intentar evaluar lo mejor posible la situación. No les alegraba su decisión, pero expresaron su preocupación con amor. La conversación fue incómoda, pero Julie conocía y comprendía sus valores. La parte más difícil de la conversación fue cuando John y Olivia tuvieron que decirle a su hija que aunque ellos no estaban de acuerdo con su decisión, sabían que no podían hacer nada al respecto. Su hija les había repetido varias veces, aunque con mucha empatía, que ya era grande y podía vivir como ella quisiera.

"Sí, es verdad", dijo John. "Ya eres grande, y queremos tratarte con todo el amor y el respeto que se merece un adulto. Pero ser adulto conlleva responsabilidades, de manera que asumimos que puedes pagar tu propio alquiler, tu auto y tu seguro médico, y que ya no necesitas que te demos dinero cada mes". Estas palabras fueron expresadas como un hecho, no con enojo ni como un castigo. Ambos padres le afirmaron que su amor por ella seguía siendo tan fuerte como lo había sido siempre. A los pocos meses, la relación con su novio terminó y Julie les preguntó si podría mudarse a casa por algunos meses. Sus padres amorosamente la recibieron de vuelta.

La situación fue difícil, pero John y Olivia acertaron en varias cosas:

• Aunque tenían el corazón roto, siguieron mostrándole amor y no rompieron la relación con su hija.

• No se convirtieron en padres monotemáticos; no se enfocaron solamente en lo que estaba mal en la vida de ella.

• Le hicieron saber cómo se sentían respecto de sus decisiones y lo que ellos creían, pero mantuvieron fuerte la relación al afirmar su amor por ella.

• Le permitieron vivir con las consecuencias de sus decisiones.

• Expresaron claramente su amor y sus expectativas.

Aunque parezca increíble, muchos hijos adultos me comentan que sus padres nunca les han expresado sus expectativas. Es posible que les hayan dado algún indicio, o que las hayan insinuado, pero jamás las expresaron con claridad. Las conversaciones acerca de los límites y las expectativas pueden ser incómodas, pero debemos tenerlas. Cuanto más claramente logremos expresar nuestras expectativas, mejor funcionará la relación.

Las expectativas deben ser hechas a medida, de acuerdo a las necesidades y las circunstancias de tu hijo adulto. No hay una talla única para todos. Un matrimonio me dijo que sus expectativas eran distintas incluso para sus hijos mellizos, uno de los cuales estaba en la universidad y el otro en las fuerzas armadas. Las expectativas también cambiarán dependiendo de si su hijo vive en casa con ustedes o no. Y un hijo grande que lucha con una adicción o una enfermedad mental necesitará, por supuesto, límites fijados a la medida de la situación.

Muchas veces sugiero que los padres confeccionen un sencillo 'contrato de entendimiento', especialmente si un hijo grande aún vive en la casa o recibe algún tipo de asignación financiera. Este no es más que un documento informal que declara de una manera simple las expectativas que se han acordado. Hay familias que las escriben y otras que solo las comentan verbalmente. Sea cual sea la forma que uses, las expectativas deben ser claras y las consecuencias aún más claras. Un padre que conozco comenzó con estas palabras: "Eres bienvenido si deseas quedarte, pero..." y entonces llenó su lista de expectativas. Sin importar cómo las expreses, asegúrate de tener un plan de salida. Un plan de salida es una estrategia para ayudar a tu hijo grande a realizar la transición hacia las responsabilidades de un adulto. Mantén siempre en mente ese objetivo.

> **Las conversaciones acerca de los límites y las expectativas pueden ser incómodas, pero debemos tenerlas.**

Aquí hay algunos puntos clave que yo incluiría en un contrato:

EXPECTATIVAS

• *"Sé productivo".* Aquí debes expresar con claridad y detalle lo que significa ser productivo: trabajar, estudiar, compartir las responsabilidades del hogar, etcétera.

• *"En nuestra casa, honra nuestros estándares morales".* No puedes microgestionar sus vidas ni controlar su comportamiento fuera del hogar, pero sí puedes elegir lo que sucede en tu hogar.

• *"Sé responsable en lo económico".* Los jóvenes adultos necesitan ser responsables por la mayor parte de sus finanzas dentro de lo que sea posible, y tienen que ir progresando gradualmente hacia la responsabilidad total. Si reciben una asignación de dinero de tu parte y no están trabajando, pero siguen disfrutando de salir a comer y de otros gastos no esenciales, entonces no les estás ayudando a ser responsables en el área financiera.

• *"Sé un miembro activo de nuestra familia".* Cuando una de nuestras hijas volvió a casa, le avisamos que este no era el Hotel Burns, y que ella era responsable de ayudar con las tareas del hogar. Unos buenos amigos nuestros le alcanzaron a su hijo una esponja y detergente, y le dijeron: "Ahora que has vuelto a casa, serás el responsable de lavar los platos luego de la cena cada día". Otras familias tal vez incluyan el compromiso de compartir por lo menos una cena juntos por semana, u otras condiciones similares.

• *"Esta es la línea de tiempo, y estas son las metas que debes cumplir para ser independiente".* Define la línea de tiempo y las metas en conjunto con tu hijo, y sean claros acerca del resultado que cada uno espera. Por ejemplo, conocemos una familia que ayudó a su hija a realizar la transición a lo largo de un período de seis meses. Durante ese lapso de tiempo, ellos le ofrecieron respaldo económico limitado. Al cumplirse los seis meses, su hija estaba preparada para hacerse cargo de la totalidad de sus responsabilidades financieras. Celebraron con una cena maravillosa juntos, y luego la bendijeron con un regalo monetario para ayudarla dándole un empujón con el primer mes de alquiler de su nuevo departamento.

CONSECUENCIAS

• *"La estadía es gratis mientras estés siendo productivo y responsable financieramente.* Si no es así, empezaremos a cobrarte el alquiler"*. Algunos padres les cobran a sus hijos un alquiler simbólico y también esperan que demuestren responsabilidad financiera en otras áreas. Haz lo que sea mejor para él o ella y lo que le ayude con su progreso hacia la independencia.

• *"Si no estás dispuesto a honrar los estándares morales de nuestro hogar, tienes la opción de mudarte"*. Para algunos padres es difícil pensar en "sacar a sus hijos a la calle". Pero no es necesario que lo conviertas en evento dramático. Es sencillamente una consecuencia natural de que tu hijo adulto no quiera vivir de acuerdo a las pautas de tu hogar. Algunos podrían decir: "Sí, pero... ¿qué pasa si se muda con su novio o su novia, y se involucra aún más en las drogas?". Si le permites un proceder dentro de tu hogar que va en contra de tus valores y de tus estándares morales, entonces realmente no estás ayudándolo a llegar a ser responsable. Y él o ella ya están tomando malas decisiones de todos modos, aunque vivan en tu casa. A veces decir 'te amo' requiere un amor firme.

• *"Esperamos que cumplas tus tareas en tiempo y forma. De otro modo, significa que estás preparado para mudarte"*. Muy a menudo, los hijos grandes evitan las tareas y los quehaceres que sería natural esperar de ellos a su edad. Tendrían que lavar platos y tender la cama si vivieran en forma independiente, ¿verdad? Trátalos como adultos, y espera de ellos que compartan las responsabilidades razonables en el hogar. En esto, como en todo, asegúrate de que las expectativas sean claras.

Por el bien de ellos, y por el tuyo, aplica las consecuencias. Recuerda que hay una gran diferencia entre castigo y consecuencias. Un castigo consistiría en hacer sufrir a tus hijos por sus errores, haciendo algo que les duela o haciéndolos sentir mal. Los castigos, en la mayoría de los casos, provocan resentimiento y muy rara vez enseñan la lección que uno quiere que aprendan. Las consecuencias, en cambio, ayudan a las personas a aprender y a crecer. Las consecuencias fluyen naturalmente de las decisiones y acciones de uno. Las consecuencias naturales y lógicas nos enseñan de qué manera hacerlo mejor la próxima vez.

No estás castigando a tu hijo cuando haces cumplir las consecuencias. En la vida hay consecuencias por nuestras acciones, así que debería verse como normal y natural que las haya por no cumplir con las expectativas que se habían fijado. Siempre que sea posible, establece las consecuencias con tu hijo o hija. Si estas son impuestas en vez de ser acordadas, hay una mayor probabilidad de que produzcan resentimiento o una mezcla complicada de emociones que podrían dañar la relación.

Cathy y yo tenemos un familiar cercano al que amamos mucho, que se mudó con su novia al poco tiempo de graduarse de la universidad, hace varios años. Nuestras hijas eran menores en ese entonces. Un día, este familiar nos llamó para preguntar si él y su novia podían visitarnos durante un fin de semana. Nos encantaba la idea de tenerlos con nosotros, y no era nuestra responsabilidad forzarlos a tener nuestros valores, pero sentimos que era necesario pedirles que durmieran en dormitorios separados mientras estaban en nuestra casa. Le devolví la llamada y dije simplemente: "Oye, nos entusiasma que vengan a visitarnos. Espero que no les moleste, pero necesitamos pedirles que duerman separados durante la visita". Estoy seguro de que él conocía nuestros valores. Lo tomó bien, y no fue necesario decir nada más. Si tus hijos o tus familiares eligen no vivir de acuerdo con tus valores fuera de tu hogar, no hay mucho que puedas hacer. Es posible que tus hijos decidan alejarse de los valores que aprendieron de ti cuando vivan independientemente, pero tú tienes derecho a establecer límites y expectativas dentro de tu hogar.

Expresar nuestras expectativas es, además, una manera de mostrarles liderazgo a nuestros hijos, sin importar su edad. Es fácil se-

> **Tienes derecho a establecer límites y expectativas dentro de tu hogar.**

guir a los grandes líderes porque ellos lideran con amor, compasión e integridad. ¡Yo quiero ser un hombre de integridad! Hay un proverbio en la Biblia que dice: *"Quien se conduce con integridad anda seguro"* (Proverbios 10:9, NVI). La integridad no significa ser perfectos, sino tener un carácter consecuente. Es esa consecuencia la que nos permite guiar a nuestros hijos hacia una adultez responsable. En muchas ocasiones, esto implica no tomar el camino más fácil. Algunos padres han sido tan permisivos con sus hijos, y les han soportado tantas cosas, que han ayudado a crear adultos irresponsables y narcisistas.

A veces, lo primero que debemos hacer cuando nuestros hijos grandes toman malas decisiones es observar detenidamente nuestro propio proceder. ¿Estamos suavizando las consecuencias de sus elecciones? Un adulto responsable paga el préstamo que solicitó, y vive respetando el código moral de la casa familiar. Si les presentamos expectativas pero luego no las hacemos cumplir ni les hacemos lidiar con sus consecuencias, entonces somos en parte responsables por el resultado negativo. Uno de nuestros amigos nos dijo cierta vez: "Si les parece que es difícil ser padres de una adolescente, esperen hasta que tenga 35 y se mude nuevamente con ustedes, trayendo dos hijos y un estilo de vida contrario al suyo". Luego nos describió lo difícil que era para él y su esposa tratar a su hija con amor y gracia, y a la vez seguir manteniendo el liderazgo del hogar.

"Tuvimos que mirar muy profundamente dentro de nosotros para reevaluar nuestro comportamiento y lo que sentíamos acerca de esta nueva situación", dijo él. "Nos dimos cuenta de que estábamos un poco aturdidos y conmocionados por el hecho de que nuestra hija se mudara a vivir con nosotros junto con sus hijos, pero era nuestro deber darle un liderazgo y establecer algunas expectativas para ella, quien en ese momento estaba casi paralizada de dolor por sus circunstancias".

Aquí hay otra cosa que debes tener en mente: puede que tus hijos incluso aprecien cuando les expresas tus expectativas. Cuando Brent y Tiffany se sentaron con su hijo para definir algunas expectativas luego de que él se mudara de vuelta a la casa, pensaron que la conversación podría salir mal. Pero no fue así. Su hijo apreció la comunicación y el poder ser parte en la definición de las expectativas. Brent y Tiffany dijeron que hubo algunas partes de la charla más difíciles que otras, pero que el resultado fue claro y positivo. Después de tener una buena conversación acerca de las expectativas, ellos crearon juntos un plan para ayudar a su hijo a llegar a ser un adulto plenamente responsable al mudarse a su propia vivienda.

Desarrolla un plan de acción

Una vez que hayas expresado claramente tus expectativas, el próximo paso es idear un plan de acción para impulsar a tu hijo adulto a pasar de la dependencia a la independencia. Cuando hablamos de un plan de acción puede sonar como algo relacionado con una empresa, o algo que no tiene nada que ver en el contexto de la familia, pero la realidad es que tener un plan de acción es una de las maneras más eficaces de ayudar a tus hijos adultos a dar los próximos pasos, especialmente si aún siguen viviendo contigo o dependiendo de ti económicamente. Nunca conocí a una familia que se haya lamentado de establecer un plan de acción; es un componente esencial en el proceso de expresar las expectativas, fijar límites y hacer cumplir las consecuencias. Un plan de acción no necesita ser súper formal ni detallado, pero tener un plan escrito es más eficaz que solo acordarlo verbalmente.

Para Brent y Tiffany, confeccionar un plan de acción para su hijo fue fácil porque ya habían hecho el trabajo de establecer las expectativas juntos. Luego le pidieron a su hijo que pensara qué quisiera hacer a medida que se preparaba

> *Tener un plan de acción es una de las maneras más eficaces de ayudar a tus hijos adultos a dar los próximos pasos.*

para la transición desde el hogar hacia la independencia financiera, y que fijara un plazo para mudarse. Para su sorpresa y deleite, cuando se volvieron a reunir, él les entregó un plan muy bien pensado, que hasta incluía algunas consecuencias si no lograba alcanzar sus metas. El comentario de Brent fue: "¡Vaya! ¡Eso resultó mucho más fácil de lo que pensé que iba a ser!". Los padres le añadieron algunas ideas al plan, pero todos los temas ya habían sido conversados y los tres estaban de acuerdo.

Aquí hay algunas pautas para ayudarte a crear un plan de acción con tu hijo:

• *Comiencen con el final en mente.* La meta es una adultez responsable e independiente. Los distintos puntos del plan de acción deben ser todo lo que necesita suceder para que tu hijo adulto llegue a ser plenamente responsable por su vida. Por ejemplo: "Mi plan es llegar a tener un empleo a tiempo completo que cubra todos mis gastos (incluyendo el pago del préstamo por mis estudios universitarios) y mudarme a mi propio departamento para el 30 de junio".

• *Fijen plazos.* Busquen fijar plazos para lograr los objetivos, y definan también fechas para evaluar el progreso y abordar los desafíos que puedan presentarse en el camino. Especificar una fecha o un plazo de tiempo funciona mucho mejor que ponerse de acuerdo sobre de algo incierto como "dentro de unos meses" o "para el verano". Siempre pueden cambiar el plazo si necesitan hacerlo.

• *Establezcan consecuencias.* Es necesario que haya consecuencias si no se cumplen los objetivos o los plazos. Trabaja junto a tu hijo para establecer cuáles deberían ser esas consecuencias.

Recuerda que lo mejor es crear el plan de acción junto con él o ella. Es mucho más probable que las personas apoyen algo si participaron en su creación.

Me encanta el proverbio que dice: *"Donde no hay visión, el pueblo se extravía"* (Proverbios 29:18, NVI). Desarrollar un plan de acción es una forma de darle a tu hijo una visión que lo motive, y a la vez un mapa que lo guíe en su travesía desde la dependencia hacia la independencia de una adultez responsable. Un plan los ayudará a ambos a enfocar su relación en las metas compartidas, y le dará al adulto emergente la confianza que necesita para avanzar hacia adelante.

Capítulo 5

Dificultades para despegar

Principio 5:

Tu tarea es impulsarlos desde la dependencia hacia la independencia.

> *"El hecho es, mamá y papá, que he vivido en esa habitación de arriba desde los tres años de edad, ¡y ha sido grandioso!".*
> —*Tripp, de 35 años de edad.*
>
> *"Lo que tenemos aquí es una incapacidad para despegar".*
> —*Al, padre de Tripp.*

¿Viste alguna vez la comedia romántica *Failure to Launch*? Fue titulada *Soltero en casa en Hispanoamérica y Novia por contrato* en España, pero el nombre en inglés hace referencia a un "problema para despegar". Matthew McConaughey y Sarah Jessica Parker actúan en esta película que nos cuenta la historia de Tripp, un joven de 35 años a quien todavía le encanta vivir con sus padres. Ellos, sin embargo, quieren que se vaya de la casa. En palabras de su padre: "Tiene 35 años. Sigue viviendo en nuestra casa. ¡Eso no es normal!". Tripp, representado por McConaughey, les dice a sus amigos: "¡Haría falta un cartucho de dinamita para sacarme de la casa de mis padres!". Incluso a sus amigos les parece un poco raro que aún no se haya mudado. "¿Duermes bien de noche?", le pregunta uno de ellos. "Sí", dice Tripp con una sonrisa. Entonces su mejor amigo añade: "Pero duermes en una cama pequeña, con sábanas de Superman que has tenido desde los 6 años". Sus padres terminan contratando a Paula, una motivadora e intervencionista representada por Sarah Jessica Parker, con la esperanza de lograr que Tripp se gradúe de esta etapa y salga por fin de su casa, y entonces es cuando comienza la diversión.

La realidad es que desde los años 1940 nunca se había visto tal cantidad de hijos grandes viviendo en la casa de sus padres. Y ahora, además, es mucho más normal que los hijos grandes vuelvan a mudarse a la casa después de haberse ido. Esto, evidentemente, no siempre es algo malo. Hay diversas razones por las que los hijos regresan a la casa paterna, o tal vez viven fuera de ella pero siguen recibiendo ayuda económica de sus padres.

Una de nuestras hijas había estado viviendo de forma independiente cuando su compañera de apartamento se fue. En esa misma época ella decidió ir a la escuela de posgrado para graduarse en psicología clínica. Nos pidió mudarse a casa para lograr ahorrar dinero para su posgrado.

Aunque Cathy y yo tuvimos que realizar rápidamente algunos ajustes mentales y emocionales, sentimos que era una buena idea y nos encantó tenerla en casa nuevamente. Ella se mudó a la misma casa conde había crecido, pero ahora teníamos una estructura familiar diferente. Nuestra hija había salido de casa para mudarse a la universidad cuando aún era pequeña, y ahora volvía como adulta. Todos teníamos que adaptarnos. Al principio, Cathy y yo nos encontramos retornando a los patrones y comportamientos que habíamos seguido como padres cuando ella era una adolescente. Tuvimos que adaptar nuestras expectativas acerca los horarios en que ella volvía a casa por las noches, y dejar de preguntarle si había terminado sus tareas escolares. Ahora ella era adulta y estaba pagando sus propios estudios de posgrado. Cathy y yo tuvimos que decir: "Eso era entonces, y esto es ahora". Nuestra hija también tuvo que asumir su rol de persona adulta y tomar algunas responsabilidades nuevas que le hubieran parecido extrañas antes de partir para la universidad, como por ejemplo ayudar con determinadas tareas del hogar y avisar si iba a volver a casa para la cena.

A los hijos que se mudan nuevamente a la casa de sus padres, o que siguen recibiendo de ellos ayuda económica cada mes, se les suele llamar "hijos búmeran". Mientras que los jóvenes adultos de generaciones anteriores podrían haber considerado el volver a casa como el último recurso, los jóvenes adultos de hoy en día tienden a verlo simplemente como parte del camino hacia la independencia. Algunos de los hijos búmeran ven su estadía como temporaria, y otros simplemente tardan más en madurar o están tan cómodos en la casa familiar que realmente no han pensado un plan de salida. Sean cuales fueren sus razones para retornar o para permanecer allí, el incorporar a un hijo adulto a la situación de vida familiar muchas veces resulta complicado. Mis amigos Bill y Kristen descubrieron lo complejo que puede llegar a ser esto cuando habían estado casados tan solo unos pocos años y la hija de Kristen de un matrimonio anterior, que ahora era una joven adulta, se mudó a vivir con ellos. Bill no había criado a su hijastra, y ya se había acostumbrado al nido vacío. Tener a la hija de Kristen en su hogar no funcionó bien; casi les costó a Bill y a Kristen su matrimonio.

> *Entre los veintisiete países que conforman la Unión Europea, la media de edad en que los hijos se independizan es de 26-27 años. Los países latinos, es decir, España, Italia y Portugal ocupan lugares entre los cinco primeros y los países escandinavos ocupan los últimos lugares rondando la media de emancipación los 21 años.*
> *Un informe del Organismo Internacional para la Juventud Iberoamericana, previo a la pandemia del Covid 19, indicaba que el promedio de edad de emancipación en los países de Centro y Sudamérica es de 28 años.*

Muchos hijos en nuestros países no se van de casa porque no quieran, sino simplemente porque no pueden debido al desempleo, la carestía de la vivienda o los pobres salarios. Todo ello hace que, como indica Jim, nos encontremos con una generación que no quiero o no puede independizarse y que genera una conflictividad normal en los hogares que debe afrontarse.

Ambas partes, tanto los padres como los hijos ya grandes, me dicen que cuando se muda un hijo nuevamente a la casa se crea una confusa mezcla de diversas cuestiones. Por ejemplo, los padres muchas veces comentan el pánico que sienten cuando es tarde de noche y su hijo no ha llegado todavía a casa. Por supuesto, cuando él o ella estaba lejos, ya sea en la universidad o viviendo solo, no tenía una hora establecida para llegar a casa, y no ve la necesidad de volver a tenerla ahora. De manera que los padres se asustan y se enojan, mientras que este hijo, que ahora es grande, no puede comprender por qué se vuelven locos por algo tan trivial como la hora de llegar a casa por las noches. Los hijos grandes se quejan de que sus padres los tratan como niños, y los padres se quejan de que sus hijos grandes actúan como tales. Los padres muchas veces se frustran porque su hijo adulto no avanza hacia la independencia, pero los hijos a veces no ven razones para hacerlo cuando disfrutan del confort de tener un televisor de pantalla gigante, una heladera llena, comidas caseras y servicio de lavandería, todo sin costo.

Los viejos hábitos no se erradican fácilmente. Cuando los hijos se mudan de vuelta a casa, muchos padres descubren nuevamente su "necesidad" de controlar, especialmente si su estilo parental es el que algunos describen como "padres helicópteros".

QUE ATERRICE EL HELICÓPTERO

El término "padre helicóptero" fue acuñado en 1969 por el Dr. Haim Ginot en su libro *Entre padres y adolescentes*. Se refiere a un padre que está todo el tiempo sobre su hijo, sobrevolando encima de él como un helicóptero. Este es un padre que sobreprotege y que está demasiado involucrado en la vida de su hijo. El asunto comienza cuando los hijos son pequeños, pero a veces continúa hasta los años de la adultez. Por ejemplo, los padres helicóptero podrían llamar a su hijo universitario para recordarle que se levante temprano para llegar a clase o para verificar si ha completado sus tareas. Si esto te suena exagerado, considera lo siguiente: un amigo mío que es rector de una universidad me contó sobre una conversación que tuvo con una madre que lo llamó para quejarse porque su hijo había recibido una mala nota en un ensayo que presentó en su clase de estudios empresariales. La madre quería que le cambiaran la calificación. Mi amigo quiso investigar y se contactó con el profesor que le había puesto esa calificación. El profesor se acordaba del ensayo, y le dijo: "La verdad es que, más que una mala calificación, se merecía un aplazo". Cuando el rector de la universidad llamó de vuelta a la madre y le informó lo que había dicho el profesor, ella se enojó. "Estoy completamente en desacuerdo", respondió ella. "Yo tengo una Maestría en Administración de Empresas de la Universidad Stanford, ¡y yo escribí ese ensayo por él!". Creo que esta madre no entendió el punto ni la ironía de su aseveración. ¿Y después los padres helicóptero se preguntan por qué sus hijos se sienten con demasiados derechos y no logran despegar?

¡Ya es hora de aterrizar el helicóptero! Un padre que se comporta así no le hace bien a su hijo grande, y comportarse así tampoco es bueno para el padre. Es importante aprender a distinguir que una cosa es ayudar a tu hijo y otra muy distinta es hacer todo por él. Ayudarlo es rodearlo de amor y brindarle un cuidado saludable mientras le vas permitiendo gradualmente ser más y más independiente de ti. Hacer todo por él es regresar a las dos primeras décadas de la vida de tu hijo, cuando era mucho más dependiente de ti y tu responsabilidad era protegerlo. Un padre helicóptero en recuperación dijo: "Tuve que dejar de insistirles a mis hijos sobre temas que parece que no comprenden. Si es importante, la vida les enseñará esa lección". Ayudar a un hijo grande a crecer en independencia es algo bueno; hacer todo por él no lo es.

Los padres sobreprotectores muchas veces se niegan a soltar a sus hijos, no porque sus *hijos* tengan necesidades, sino porque *ellos* tienen necesidades. Específicamente, la necesidad de sentir que son necesitados. Esto los lleva a fomentar la dependencia. Como padres, ejercimos autoridad y control al criar a nuestros hijos cuando eran pequeños, y fue lo correcto, pero la autoridad y el control parentales son las últimas cosas que nuestros hijos adultos necesitan de nosotros. Si estamos todo el tiempo sobre ellos como un helicóptero, esto les impedirá llegar a ser todo lo que podrían ser. Los padres que siguen cuidando de sus hijos e hijas grandes desde su propia necesidad de ser necesitados, lo hacen a costa de la madurez de sus hijos. Y muchas veces terminan sacrificando también su propio bienestar, su seguridad financiera o la salud de su matrimonio. Ser padres helicóptero crea un escenario en que todos pierden.

> *Los padres sobreprotectores muchas veces se niegan a soltar a sus hijos, no porque sus hijos tengan necesidades, sino porque ellos tienen necesidades.*

Para aterrizar el helicóptero de manera segura es necesario que los padres se mantengan firmes en unos límites saludables, y que se abstengan de mimar y cuidar demasiado a sus hijos cuando ya son grandes. El *Optimum Performance Institute* se especializa en trabajar con adultos jóvenes y con sus padres cuando están viviendo lo que ellos llaman "el síndrome de la dificultad para despegar". Aquí te comparto su guía para aterrizar el helicóptero:

• No te encargues de cocinar para ellos, limpiar sus cosas, ni lavarles la ropa en forma regular.

• Cuando estén luchando para encontrar la solución a un problema, no intervengas: deja que ellos la encuentren.

• No permitas que vivan en la casa contigo si no contribuyen con los gastos del hogar.

• Exígele a tu hijo desempleado que busque trabajo o que continúe estudiando si quiere permanecer en casa.

• No te hagas cargo de sus gastos. [17] Los hijos grandes deberían costear su propio combustible, comida, y vestimenta.

Cuando les presento estas pautas a los padres, suelo recibir una variedad de reacciones. Aunque la mayoría de ellos comprenden que seguirlas les ayudará a lograr que sus hijos despeguen hacia una adultez responsable, otros presentan excusas tontas, tales como:

• "Pero mi hijo nunca aprendió a cocinar. Se morirá de hambre o malgastará su dinero en comida chatarra".

• "Ella no sabe lavar bien la ropa, y si le permito hacerlo, arruinará toda su ropa".

• "Queremos que maneje un coche seguro, así que nos hacemos cargo de pagárselo, incluyendo el seguro y el combustible. Es realmente un tema de seguridad".

Yo lo entiendo. La vida es complicada. Sin embargo, no podemos ayudar a que nuestros hijos despeguen de una manera saludable si seguimos haciendo todo por ellos. Un padre helicóptero me preguntó: "¿Cómo puedo extrañar a mi hijo si él no se quiere ir?". Mi respuesta fue: "¿Y por qué querría irse? Con ustedes haciendo todo por él, realmente le conviene quedarse en casa".

Al autor C. S. Lewis dijo una vez: "El cambio siempre involucra un sentimiento de pérdida". Cathy y yo tenemos sentimientos encontrados con respecto al crecimiento de nuestras hijas. Sabemos que ya no estamos en el centro de sus pensamientos, mientras que ellas sí lo están en los nuestros, y comprendemos que así es cómo debe ser. Sabemos que para que ellas se desarrollen y prosperen necesitan alejarse de nosotros emocional, espiritual y físicamente. Y, aun así, no es fácil. Cuando cada una de nuestras hijas empezó a comentar la posibilidad de mudarse a otro estado, nos dimos cuenta de que teníamos que llorar esa pérdida potencial para nuestras vidas, y hacer el duelo por algunos de nuestros sueños. La madurez muchas veces requiere que hagamos ajustes en nuestros anhelos, sueños y estilos de vida. Por un lado, queríamos que ellas llegaran a ser adultas plenas, pero por el otro lado, todavía las veíamos como niñas que nos necesitaban y dependían de nosotros. Mientras crecían y se convertían en jóvenes adultas, muy a menudo necesitamos recordarnos a nosotros mismos el proceso de desarrollo que los psicólogos denominan "individuación".

LA IMPORTANCIA DE LA INDIVIDUACIÓN

Cuando un niño nace, ese niño es totalmente dependiente de sus padres para sobrevivir. El vínculo que se produce es asombroso. Aún recuerdo cuando le dije a una de mis hijas que el día que ella nació, un pedazo de mi corazón fue quitado de mi pecho y colocado en el centro de su corazón. A partir de ese día, no fui más el mismo. Hubiera dado mi vida por ella. Sin embargo, por más fuerte que sea ese vínculo, una parte esencial de la relación padre-hijo es llevar al hijo desde la dependencia hacia la independencia.

En su exitoso libro titulado *Límites*, los psicólogos Henry Cloud y John Townsend describen el saludable y necesario proceso de individuación y de separarse de los padres como "la necesidad del niño (o niña) de percibirse como distinto (o distinta) de su madre; una experiencia de 'no yo'". Y me gusta cómo lo resumen: "No puedes tener el 'yo' hasta que no tengas el 'no yo'". *18* Cathy y yo vivimos este proceso con nuestras tres hijas, pero recuerdo especialmente una experiencia que marcó la transición para nuestra hija mayor. Cuando estaba por graduarse de la universidad, ella escribió un artículo para el periódico escolar en el que incluyó la siguiente declaración: "Yo tuve que abandonar la fe de mis padres para comenzar a tener mi propia fe". Esas fueron palabras duras de oír para nosotros, pero luego nos dimos cuenta de que este era un paso saludable de individuación en su fe.

Jesús hizo una declaración importante acerca de la individuación cuando dijo: *"el hombre debe abandonar al padre y a la madre para unirse a su esposa"* (Mateo 19:5). No puedes tener una relación matrimonial exitosa si todavía estás atado a los lazos del delantal de tu madre. Esta necesidad de dejar a los padres es clave para una individuación saludable. Como ya mencioné antes, para que los hijos adquieran madurez y autonomía, ellos necesitan separarse emocional, espiritual y físicamente de sus padres. De manera que el proceso de individuación requiere algo del hijo adulto y algo de sus padres. El hijo adulto necesita alejarse para llegar a ser maduro y responsable, y los padres deben soltar al hijo adulto para que pueda alejarse y llegar a ser una persona independiente. Este proceso rara vez se lleva a cabo sin algunos altibajos y un poco de sufrimiento.

Cada etapa en este trabajo de ser padres tiene su propia combinación de alegrías y desafíos. Ya sea que estemos intentando enseñarles a ir al baño o que tengamos que lidiar con un adolescente problemático, muchas veces creemos que no puede existir otra etapa más confusa o difícil que la que estamos atravesando en ese momento. Sin embargo, para muchos padres es esta etapa final, la de intentar equilibrar el cuidado y la preocupación por nuestros hijos con el respeto a su privacidad y la individuación, la que es verdaderamente la más difícil de todas. El distanciamiento natural de los hijos que se lleva a cabo en esta etapa de jóvenes adultos suele llegar como un shock para los padres, aunque probablemente ellos tuvieron el mismo distanciamiento de sus propios padres a esa misma edad. Cuando la comunicación disminuye (los hijos envían menos mensajes de texto, mantienen algunas cosas en privado, no comparten información

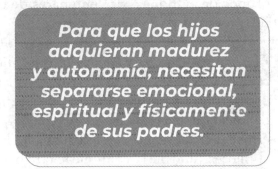

Para que los hijos adquieran madurez y autonomía, necesitan separarse emocional, espiritual y físicamente de sus padres.

acerca de sus amigos o acerca de con quién están saliendo, etc.) es cierto que para los padres puede ser doloroso y confuso. Estos padres, que han pasado casi dos décadas durante las cuales estaban informados de todo acerca de su hijo, de repente se sienten dejados totalmente de lado. Sin embargo, por más duro que te resulte cuando esto suceda, probablemente signifique que tu hijo está en la senda correcta hacia una individuación saludable.

¿Qué puede hacer un padre para ayudar en este proceso? Aquí te comparto un poco de sabiduría práctica extraída de grupos de enfoque y de centenares de conversaciones que tuve con padres de hijos grandes:

• *Las críticas fuertes y las palabras de juicio paralizan el crecimiento.* A veces, un padre que permanentemente critica o juzga llega a convertirse en una voz interna de crítica y de juicio dentro de la mente de su hijo. Además, frente a la crítica constante o al sentirse juzgado, la única opción para el hijo es huir de la comunicación con su padre o, por el contrario, volverse demasiado dependiente de su opinión. Ninguna de estas opciones conduce a un buen resultado.

• *Cambia tu rol para pasar de una dinámica de padre-hijo a una de adulto-adulto.* Este es un tema importante que hemos explorado a lo largo de todo el libro, pero es clave para el proceso de la individuación también. Esta transición rara vez es fácil o divertida, pero es la única manera de llegar a una relación saludable.

• *Alienta su progreso hacia la responsabilidad adulta.* Esto ayudará a llevar a tu hijo o hija adulta hacia la madurez y la independencia. Es importante para tu hijo saber cómo te sientes acerca de él. Demuéstrale claramente tu respeto y otórgale una buena dosis de aliento y afirmación. La afirmación casi siempre es más poderosa que la crítica para ayudar a crear un cambio positivo.

• *Cuando tus hijos sean grandes, permite que ellos controlen la cantidad de tiempo que pasan contigo.* Deja que ellos inicien las oportunidades para conectarse. Puedes ayudar a tu hijo adulto a crear límites saludables y necesarios brindándole algo de espacio. Al mismo tiempo, si hay algo que necesitas hablar con tu hijo, un comentario como: "Sé que estás ocupado, pero llámame cuando puedas" le ayudará a ver que valoras su compromiso con sus otras responsabilidades también.

• *Deja de hacer todo por tus hijos.* No hagas por ellos lo que ellos puedan hacer por sí mismos. Aunque no lo hagan tan bien como tú, permíteles que lo hagan. Tú tienes más experiencia; ellos necesitan su propia experiencia.

• *Alienta en ellos la esperanza.* En todo lo que hagas, dales esperanza. Mantén en mente que para muchos hijos, avanzar hacia las responsabilidades adultas es una decisión difícil. Es posible que tengan muchas preocupaciones y dudas que no estén expresando en voz alta. Mientras más esperanza les infundas, más fácil les resultará esta transición.

La manera más saludable de realizar la transición de la dependencia hacia la independencia es la senda de la individuación. Es un proceso hacia la plenitud que dura toda la vida. Necesitamos verlo, no tanto como un proceso de separarse de la familia, sino como un rito de paso hacia un crecimiento personal más profundo y hacia una relación más plena, de persona adulta, con la familia. Algunos han comparado el proceso de la individuación con el crecimiento de un roble. Nace de una pequeña bellota, pero le lleva años (toda la vida, en realidad) llegar a ser un roble completamente desarrollado y maduro.

> *Incluso cuando los hijos ya viven fuera de la casa es difícil e incluso doloroso para los padres evidenciar y experimentar que ya no somos el centro de su universo, que ya no somos los prioritarios en sus agendas y que sus propias familias —en el caso de que estén casados— y sus amigos ocupan un lugar que antes era exclusivamente nuestro. Para Sara y para mí es un sentimiento agridulce, de pérdida por un lado y de satisfacción por otro, porque hemos conseguido que sean independientes.*

MIRA LA EDAD DE ADULTO EMERGENTE COMO UN RITO DE PASO

Una de las cosas que me fascinan de muchas culturas es la manera en que celebran ritos de paso de la niñez a ser un hombre o mujer adultos. Posiblemente una de las ceremonias más conocidas en este sentido sea el rito judío de *bar mitzvah* para los niños, y el *bat mitzvah* para las niñas. En estas ceremonias, celebradas a los 13 años para los varones y a los 12 años para las chicas, se reconoce públicamente que han llegado a la edad de adultos. A partir de ese momento se consideran totalmente responsables por sus acciones y con el derecho de participar como adultos en todos los ritos religiosos y en los procedimientos legales.

Por supuesto, cuando comenzó esta tradición no existía el concepto de adolescencia, y estos niños eran realmente considerados como adultos. La edad más común para casarse bajo la ley judía en los tiempos de Jesús era entre los doce y los catorce años. La mayoría de los estudiosos creen que es probable que María, la madre de Jesús, estuviera en ese rango de edades cuando tuvo al bebé Jesús.

Ya sea que se señale con una ceremonia o no, en la mayoría de las culturas occidentales de hoy en día la edad en la que un niño pasa a ser considerado un adulto responsable típicamente se encuentra entre los 17 y los 21 años.

Por qué es tan importante bendecir a tus hijos con un rito de paso

Hace varios años di muchas conferencias y charlas con una organización llamada *Promise Keepers* [Cumplidores de promesas], un movimiento que reunió a millones de hombres con la meta de alentarlos y capacitarlos para crecer espiritualmente y llegar a ser esposos, padres y líderes que honraban a Dios. Mi amigo Randy Phillips era en ese entonces el presidente de los *Promise Keepers*, y siempre me asombraba ver cómo una declaración tan sencilla como esta que él hacía, suscitaba una respuesta emocional tan fuerte. Él decía: "Un hombre no es un hombre hasta que su padre diga que lo es". Inmediatamente muchos de los hombres en la audiencia lloraban o expresaban tristeza o pesar. La mayoría de ellos habían pasado de la niñez a la edad adulta sin ningún reconocimiento o afirmación de parte de sus padres (o de sus madres siquiera). Para ellos, no hubo ningún rito de paso que marcara que ya eran hombres. Un simple acto de reconocimiento por parte de su padre o de su madre (tal vez en especial de su padre) hubiera significado muchísimo para estos hombres. Esto posiblemente también hubiera ayudado a algunos de ellos que tuvieron dificultades, a ser más responsables en sus años de jóvenes adultos. Esta necesidad de tener un rito de paso (el ser honrados o afirmados en esta etapa tan importante de la vida) no se limita exclusivamente a los jóvenes varones. Cuando nuestras hijas llegan a ser mujeres, debemos también reconocer y celebrar su vida.

Algunos años atrás, fui coautor de un libro titulado *Pass It On* [19] (que en español significaría "pásalo"), cuyo propósito es ayudar a los padres a dejar un legado para sus hijos celebrando un rito de paso específico cada año de la vida de su hijo, desde jardín de infantes hasta el último año de la secundaria. Después de que se publicara el libro, escuché las historias maravillosas de muchos padres que contaban las experiencias y ceremonias tan significativas que habían creado, y los símbolos que les habían dado a sus hijos para marcar su paso de una edad a la siguiente. Incluso hace no mucho fui invitado a asistir a una de estas ceremonias.

Para marcar la transición de Justin de la niñez a la edad adulta, sus padres organizaron una fiesta especial cuando él cumplió los dieciocho años. Invitaron a personas que habían estado involucradas en su vida y les pidieron que vinieran preparadas para compartir un breve consejo o una palabra de sabiduría con el joven. Esta familia realmente sabía cómo organizar una fiesta, así que fue una ocasión llena de alegría y que incluyó una de las mejores parrilladas que he visto jamás.

Después de que terminamos de comer, el padre de Justin nos reunió a todos. Fue hermoso ver a todos los hombres y mujeres que habían participado e impactado en la vida de Justin, incluyendo a un entrenador, un pastor de jóvenes y muchos familiares y amigos. Su mamá y su papá le entregaron un regalo que simbolizaba y afirmaba su transición hacia la edad adulta. Luego, por turnos, cada uno de los presentes le impartió un consejo, compartió una anécdota o leyó algo significativo y personal. Tengo que admitir que varias veces estuve al borde de las lágrimas, y no fui el único. Fue una noche conmovedora y poderosa. Una noche de diversión, celebración y bendición.

Cuando se acercaba el final, Justin les agradeció a sus padres y dijo: "Este es un día que nunca olvidaré". Por supuesto que ese día él todavía no había llegado a la plenitud de la madurez ni estaba preparado para una independencia total, pero estos padres sabios comprendían lo significativo que sería marcar el momento y celebrar la vida de su hijo con un rito de paso que le diera la oportunidad de tener un gran comienzo. Y esto fue tan importante para los padres de Justin como lo fue él mismo. Les afectó de manera positiva en varias áreas: su matrimonio, sus finanzas y su futuro.

Aunque la mayoría de nosotros no celebramos una ceremonia formal, cada padre debe encontrar una forma de soltar a su hijo y de reconocer su paso hacia la edad adulta. Es difícil soltar a nuestros hijos en cualquier momento, pero a veces es en ese acto de soltar (que en realidad tiende a ser un proceso continuo más que una experiencia puntual) que experimentamos consuelo y esperanzas renovadas. Ciertamente ese fue el caso para los padres de Justin. Cuando se dieron cuenta de que su hijo ya era casi un hombre, esto les recordó el legado increíble de grandes líderes, padres y esposos que lo habían precedido en el árbol genealógico de la familia. Para otra familia distinta, que tal vez carezca de una historia familiar positiva, un rito de paso podría marcar el punto de inflexión, no solo para preparar al hijo para tomar mejores decisiones en su vida adulta, sino

> *Cada padre debe encontrar una forma de soltar a su hijo y de reconocer su paso hacia la edad adulta.*

para que él sea una generación de transición a partir de la cual comience un nuevo legado familiar.

Cuándo crear una experiencia de rito de paso para tu hijo adulto

Cuando nuestros hijos son más pequeños resulta más fácil celebrar sus ritos de paso, como por ejemplo la transición del colegio primario al colegio secundario, o el día en que obtienen su registro de conducir, o incluso cuando entran en la pubertad. Los padres pueden celebrar un rito de paso con sus hijos pequeños dándoles un regalo simbólico, organizando una celebración y en ocasiones incluyendo una ceremonia para darle más relevancia todavía a la celebración. El celebrar a nuestros hijos cuando ya son más grandes podría consistir en una comida especial y un regalo simbólico, aunque tal vez no incluyamos una gran ceremonia.

Aquí tienes una lista con varios momentos de transición que podrías utilizar para celebrar un rito de paso para tu hijo o hija adultos:
• Cuando comienzan la universidad
• Cuando se gradúan de la universidad
• Cuando ingresan al servicio militar (si es que esto se hace en tu país)
• Cuando tienen su primer trabajo formal
• Cuando se mudan fuera de la casa paterna
• Cuando son promovidos en su trabajo, o cuando cambian de trabajo
• Cuando se comprometen con alguien
• Cuando se casan
• Cuando tienen un bebé
• En ocasiones especiales en la vida de tus nietos, como por ejemplo bautismos, dedicaciones o compromisos espirituales. Como abuelo o abuela, tú puedes lograr que esos ritos de paso sean significativos para tus hijos adultos también, así como los son para tus nietos.

Cada familia es un mundo y lo que sirve a unos padres es utópico para otros. Sin embargo, los principios compartidos por Jim son importantes y cada familia necesita pensar y discernir cómo aterrizarlos en su situación única y singular. De todos modos, es posible que haya ocasiones en las que nuestra realidad haga inviable el involucrar a nuestros hijos en semejantes ritos de paso, porque ni locos estarían dispuestos a participar. Pero siempre podemos como padres hacerlo de forma íntima con el Señor. Reconocer ante Él el estado adulto de nuestros hijos, compartirle —si es el caso— nuestros sentimientos de lucha y pérdida y encomendarlos a Su cuidado y protección. Sería una manera de marcar para nuestras vidas como padres ese "dejar ir" tan importante.

Algunos padres me han dicho que ayudar a sus hijos grandes a despegar hacia la adultez responsable les resultó muy fácil, y otros me han dicho que todavía se están preguntando si algún día llegará a suceder. No existen fórmulas ni respuestas sencillas. Pero una vez que hayas ayudado a tus hijos a llegar a ser adultos maduros y responsables, habrás cumplido con tu trabajo. Ahora les toca a ellos hacer el suyo.

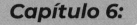

Capítulo 6

Qué hacer cuando tu hijo que ya es grande viola tus valores

Principio 6:

No puedes desearlo más de lo que ellos lo deseen.

> *"Qué bueno que la época de Pascua no dura solo un día, porque algunas resurrecciones llevan tiempo".*

Estaba sentado en un banco fuera del centro de conferencias en Connecticut, preparándome para hablarle a un grupo numeroso de padres, cuando me entró una llamada. Sabía que mi amigo iba a llamarme, pero no tenía idea de por qué. Él me preguntó si tenía tiempo. "Solo quince minutos", le dije.

"Ayer recibí una llamada de mi hija de veintiún años de edad", comenzó a contarme. "Antes de decirme ninguna otra cosa, me preguntó si estaba sentado. Supe que esa no era una buena señal. Hubo una pausa larga e incómoda, y luego ella dijo: 'Papá, voy a casarme. Sé que no estarás de acuerdo, pero voy a hacerlo de todos modos. Mamá está de acuerdo'". Mi amigo y su esposa habían estado divorciados por varios años ya, luego de que su esposa lo dejara por otra mujer. "Y a continuación ella dijo: 'Y, papá, esta persona tiene cuarenta y dos años'".

"Intenté mantener la calma", continuó relatándome mi amigo, "así que respondí: 'Vaya, es una gran diferencia de edad. ¿Cuánto hace que lo conoces?'. Fue entonces cuando comprendí por qué me había preguntado si estaba sentado. Ella dijo, 'Solo lo conozco hace dos meses, pero sé que es amor'". En este punto de nuestra conversación, mi amigo perdió la compostura y se puso a llorar. Luego añadió: "Mi hija me invitó a su casamiento, que será dentro de dos semanas. Me dijo que la ceremonia será un poco 'no tradicional', y que yo no entraría llevándola del brazo hasta el altar".

Yo conocía lo suficiente a este padre como para saber que su corazón estaba roto en varios niveles. La situación le había recordado el profundo dolor y el sentimiento de fracaso de su propio matrimonio, además de que sus valores eran tan diferentes de los de su hija. Miré mi reloj y me di cuenta de que me quedaban solo diez minutos antes de tener que terminar la conversación.

"¿Tu hija sabe que la amas, y sabe cómo te sientes acerca de su decisión?".

Él respondió con un enfático 'sí' a ambas preguntas. Comprendiendo que esta no era una sesión de consejería sino un amigo que me pedía mi opinión sincera, le dije: "Si fuera mi hija, yo asistiría al casamiento. Sin duda, iría con el corazón quebrado y sintiéndome confundido y consternado, pero mi presencia en el casamiento le comunicaría mi amor sin darle mi aprobación".

Cuando se acercaba el fin de nuestra conversación, añadí: "Además, puedo adivinar que habrá un quiebre en esa relación. Casarse después de haber conocido a una persona solamente por dos meses rara vez es una buena idea, sin mencionar que tú dijiste que ella terminó una relación con su novio hace solo dos meses. Todas las probabilidades apuntan hacia el divorcio".

Entonces hablamos sobre el hecho de que *cuando se diera el quiebre*, ella necesitaría tener alguien a quien acudir por ayuda. Lo alenté a no romper la relación por esta mala decisión de su hija, sino hacerle saber que él estaba a su disposición si alguna vez ella necesitaba ayuda.

Como era de esperar, unos pocos meses después del casamiento ella llamó a su padre y le contó que iba a cortar la relación, y le pidió si podía mudarse de vuelta a su casa; qquería buscar la forma de arreglar su vida. Ahora, un par de años más tarde, ella se encuentra en una situación mucho mejor. Logró recibir la consejería que necesitaba y comenzó a asistir a la iglesia de su padre, donde encontró una comunidad que la ama y la acepta. Claro que ella sufrió en el camino, pero creo que la decisión de su padre de asistir al casamiento y de mantener su relación con ella fue un factor decisivo en su historia de redención.

AUN LOS BUENOS PADRES TIENEN HIJOS QUE TOMAN MALAS DECISIONES

Cuando un hijo que ya es grande viola nuestros valores, toma malas decisiones o se mete en problemas serios, muchas veces cuestionamos nuestras habilidades como padres. Nuestras dudas nos gritan:

• ¿Habrá sido acaso algo que yo hice?
• ¿Hubiera sucedido esto si yo hubiera sido un mejor padre, o una mejor madre?
• ¿Hubiera sucedido esto si yo hubiera sido más espiritual, o si hubiéramos orado más como familia?
• ¿Hubiera sucedido esto si mi matrimonio no hubiera fracasado?
• ¿Hubiera sucedido esto si no hubiéramos discutido tanto?

Los 'habrá' y 'hubiera' pueden paralizar nuestra alma y ser desastrosos para nuestra confianza como padres.

El factor de la culpa es algo que muchos padres experimentamos cuando nuestros hijos toman la decisión de vivir quebrantando nuestros valores. Es cierto que, en ocasiones, puede haber una causa y efecto entre nuestra conducta y sus decisiones. Pero no siempre es así. Admitiendo que no somos perfectos, hemos hecho todo aquello que hemos sabido y podido. Es posible que cuando hemos tenido conciencia de nuestros errores los hayamos tratado de enmendar y, aun así, el resultado no ha sido el esperado. Puedo incluso darse el caso, si somos pastores o líderes cristianos, que se haya cuestionado nuestra idoneidad para seguir en el ministerio porque, como dice el apóstol, quien no puede cuidar su propia casa

Sin embargo, aunque ya lo mencioné anteriormente quiero volver a hacerlo aquí. El mejor padre de las Escrituras es Dios. Proveyó a sus hijos con el mejor entorno posible, la mejor instrucción posible y, naturalmente, el mejor ejemplo disponible. El resultado tú lo conoces al igual que yo: sus dos hijos quebraron los valores del Padre. ¿Fue culpa de Dios? ¿Lo descalifica esto para gobernar el universo? Para Sara y para mí meditar en esto fue una fuente de consuelo y ánimo porque cuando orábamos por nuestros hijos había un Padre "fracasado" como nosotros que podía entender y recoger nuestro dolor.

Una de las mayores angustias para un padre es ver a su hijo o hija desperdiciando su vida, su potencial o sus oportunidades por tomar malas decisiones. Una mujer me dijo: "He atravesado muchos dolores en mi vida, pero nunca sentí el corazón tan roto como lo he sentido por causa de las malas decisiones de mis hijos". Un amigo mío, cuyo hijo luchaba con adicciones sexuales y a las drogas, lo expresó de la siguiente manera: "Uno se siente morir. O por lo menos siente la muerte de un sueño. No hay duda de que 'los hijos más grandes traen problemas más grandes'".

Cuando tus hijos grandes tienen problemas grandes, esa clase de problemas que pueden hacerlos descarrilar de una vida saludable y productiva, es posible que tu corazón se desmorone. Pero las decisiones de tu hijo no tienen por qué desmoronarte a ti. El que tu hijo o hija tome decisiones lamentables no te transforma en un mal padre, o en una mala madre. Incluso los buenos padres tienen hijos que toman malas decisiones.

Tal vez sea muy tarde para la prevención, pero nunca es muy tarde para la redención. ¡Los milagros sí suceden! Pueden presentarse como un cambio súbito, pero la mayoría de las veces son un ascenso lento hacia una vida mejor. El autor C. S. Lewis escri-

> **Tal vez sea tarde para la prevención, pero nunca es tarde para la redención.**

bió: "Las dificultades muchas veces preparan a una persona común y corriente para un destino extraordinario". Los fracasos de tu hijo bien pueden convertirse en los cimientos para una vida totalmente nueva. ¡Ese es el poder de la redención!

Posiblemente no haya una historia de redención más poderosa que la historia que Jesús contó acerca del hijo pródigo (o 'el hijo perdido'). Es una tragedia que termina en victoria. Aunque se llama 'la parábola del hijo pródigo', muchos opinan que sería más acertado llamarla 'la historia de un padre amoroso'. Estoy seguro de que ya la conoces, pero todo padre de un hijo que ha tomado decisiones lamentables necesita que se la recuerden...

Había un padre que tenía dos hijos. El hijo menor se fue de la casa y llevó una vida contraria a los valores de su familia. Viajó a un país lejano y allí dice la Escritura que *"vivió desordenadamente y desperdició su herencia"* (Lucas 15:13).

Cuando llegó una gran hambruna, este hijo terminó aceptando el único trabajo que pudo encontrar, que era darles de comer a los cerdos. Esta es la clase de trabajo que ningún buen joven judío tomaría jamás. Finalmente, volviendo en sí, emprendió el viaje de regreso hacia su casa.

Al padre del muchacho sin duda se le debe haber destrozado el corazón cuando su hijo se fue. Es muy posible que él haya experimentado un profundo dolor y preocupación por este hijo cada día durante su ausencia. Jesús relató que el padre vio llegar a su hijo *"cuando todavía estaba lejos"* (Lucas 15:20). Este es un detalle que sugiere que el padre había estado vigilando el camino, probablemente con la esperanza de que su hijo en algún momento regresara. Y cuando finalmente lo hizo, el padre le dio la bienvenida y organizó una fiesta en su honor.

El texto bíblico no nos brinda muchos más detalles que estos, pero a mí me gusta imaginar más. Imagino que tal vez hubo una conversación antes de que el hijo saliera de la casa, que podría haberse dado más o menos así...
Hijo: "Padre, me voy de casa, y realmente no hay nada que puedas hacer al respecto".

Padre: "No quiero que te vayas. Me parece que estás cometiendo un grave error que puede tener consecuencias que duren toda la vida. Sin embargo, ya eres un adulto y no puedo prohibirte que te marches. Pero quiero que sepas esto: las puertas de nuestro hogar siempre estarán abiertas para ti".

Claro que este diálogo es inventado, pero lo pongo aquí porque creo que un padre puede demostrar gran amor y gran sabiduría en una respuesta como esta. Tal vez algún día seas tú el que deba decirle a tu hijo o a tu hija ya grandes: "Creo que estás tomando una mala decisión, una elección equivocada con consecuencias potencialmente terribles. *Pero...* soy tu padre, y mi hogar siempre estará abierto para ti". Lo que algunos padres no comprenden es que es posible mostrarles amor a nuestros hijos incluso mientras permitimos que ellos sufran el resultado natural de sus acciones.

Volviendo al texto bíblico, el hijo en la historia que Jesús contó eventualmente volvió a casa, y su padre le dio una bienvenida calurosa y generosa. Ese es el final feliz de esta hermosa parábola.

Sin embargo, yo me pregunto si después del festejo de bienvenida habrán tenido otra conversación. Debo aclarar que esto que sigue no está en la Escritura pero, como ya dije antes, me gusta imaginar... Luego de la fiesta, ¿habrá vuelto todo a como estaba antes de que el hijo se marchara, o habrá habido consecuencias? Y si es que padre e hijo tuvieron otra conversación, ¿cómo habrá sido?

Pienso que si el padre de esta parábola hubiera leído este libro, podría haberse dado una conversación como la siguiente:

Padre: "Hijo, me alegra mucho que estés en casa. He orado para que llegara este día. Eres bienvenido a quedarte, pero necesitas saber que habrá expectativas y límites que cumplir".

Hijo: "Papá, lo siento tanto. Tenías razón. Haré todo lo posible para vivir de la manera en que tendría que haber vivido siempre. Realmente siento que no merezco tu gracia amorosa".

Me gusta este diálogo (aunque sea inventado) porque muestra a un padre amoroso pero firme, que ofrece gracia pero aun así espera que a partir de ese momento su hijo viva de acuerdo a los valores de la familia. También muestra a un hijo que está arrepentido y dispuesto a cambiar y vivir de acuerdo a los límites de amor fijados por su padre.

Por supuesto, esto es solo lo que yo imagino. Pero el punto es que, aunque es cierto que cuando un hijo regresa a casa después de haber estado perdido hay mucho para celebrar, también debemos fijar límites con amor.

Además, no podemos esperar que todo sea fácil. Las personas somos complejas, y algunos hijos pueden regresar a casa con adicciones o con hábitos del corazón que necesitan ser trabajados. Siempre ten presente que algunos milagros llevan tiempo.

QUÉ HACER CUANDO TU HIJO ADULTO TOMA DECISIONES LAMENTABLES

No estoy diciendo que ser padre de un hijo que viola tus valores vaya a resultar fácil, pero las mejores oportunidades para el éxito se dan cuando existe una buena comunicación y comprensión mutua. Aquí te comparto algunas estrategias que sé que funcionan:

Ofrécele a tu hijo un amor firme. El amor firme consiste en fijar límites y expresarlos claramente para promover un comportamiento responsable y un cambio a largo plazo. Ofreces un amor firme cuando fijas límites y haces cumplir las consecuencias. El amor firme puede significar que no permitas que tu hijo adicto se mude nuevamente a tu casa si no busca ayuda primero. El amor firme puede significar que no aceptes sacar a tu hijo de una crisis económica (una vez más), aunque esto le resulte muy caro. El propósito del amor firme es detener el comportamiento problemático y alentar en tu hijo adulto el crecimiento positivo y la responsabilidad. No confundas el amor firme con maldad. El propósito de la maldad es herir, que viene a ser lo opuesto al amor firme. El uso del amor firme siempre es con la intención de colocar a tu hijo en la senda hacia la sanidad y la integridad.

No los saques del aprieto. Si tú te haces cargo de las consecuencias que tu hijo tendría que experimentar, le estás robando la oportunidad de crecer y de cambiar. Su crisis no tiene por qué ser tu crisis. Además de las circunstancias objetivas, lo que define que algo sea una crisis es la percepción personal. Esto significa que lo que tú consideras una crisis podría no ser una crisis para él o ella, y viceversa. No permitas que tus hijos grandes transformen sus problemas en tus problemas.

No seas un padre monotemático. Ya hemos hablado sobre este principio antes, pero merece la pena repetirlo aquí. No estoy diciendo que debas renunciar a tus valores para mantener la relación fuerte, sino que aun si te encuentras en medio de una profunda angustia y preocupación debes buscar una perspectiva equilibrada para la relación. Conozco a una mujer cuya hija había hecho a un lado los valores familiares y estaba viviendo de fiesta en fiesta. Cuando la mujer me preguntó que debería hacer, le dije: "Dado que ella ya sabe cómo te sientes al respecto, llévala a cenar una vez por semana y charlen sobre otros temas. Esfuérzate por conocerla más allá de lo que te está rompiendo el corazón". ¡Dio resultado! Eventualmente, su hija pudo salir adelante y comenzar a tomar mejores decisiones.

No descargues tu enojo y frustración sobre tu hijo. Nunca es una buena idea descargarte con ellos. Si necesitas tener una conversación con tu hijo o hija sobre algún tema en particular (y sin duda en algún momento lo necesitarás), solo asegúrate de no estar descargando tus sentimientos sobre ellos. Eso únicamente producirá resentimientos y un distanciamiento mayor. Incluso en los tiempos más duros, haz lo posible por ser la persona que más los alienta. Una buena amiga mía estaba profundamente contrariada por el comportamiento sexual irresponsable de su hija y por su embarazo siendo soltera. Pero estaba determinada a mantener su relación, y encontró las fuerzas para ser el mayor apoyo para su hija durante el embarazo. ¿Necesitaba ella igualmente desahogar su enojo y su frustración? Sí, pero lo hizo con una amiga de confianza y no con su hija.

Busca quien te sostenga a ti. A veces el dolor más difícil de sobrellevar es el de ver a nuestros hijos grandes vivir tomando decisiones autodestructivas, y esto es algo que simplemente no podemos soportar solos. ¿Cuáles son tus relaciones de apoyo o de sostén? ¿Quiénes son esas personas que renuevan tu vida? Un padre o una madre saludables y que cuentan con personas que los sostienen tienen muchas más probabilidades de poder ayudar a su hijo. Un padre

> **Los padres saludables que cuentan con personan que los sostienen, tienen muchas más posibilidades de poder ayudar a sus hijos.**

de nuestra iglesia mencionó, en un grupo de varones del cual participaba, el problema que su hijo tenía con el alcohol. Esa fue una decisión inteligente, porque él necesitaba el apoyo y el aliento del grupo. Además, le confesó a este grupo de hombres que él también tenía un problema con el alcohol, y ellos le ayudaron a encontrar un centro de tratamiento. El día después de que este hombre ingresara allí para tratar su alcoholismo, su hijo lo siguió al centro de rehabilitación. La disposición del padre para buscar ayuda y respaldo fue el punto decisivo que cambió la vida de su hijo. Nunca subestimes el poder de buscar ayuda para tu propia situación.

Busca sabiduría y consejo profesional para los asuntos difíciles. Algunos temas son tan complejos o están tan arraigados que no se resolverán tan solo estableciendo un conjunto nuevo de límites o expectativas. Algunos ejemplos incluyen:
• Adicciones
• Problemas con la ley
• Depresión clínica
• Trastorno bipolar
• Abuso
• Intentos de suicidio
• Lesiones autoinfligidas
• Trastornos de la alimentación

Frente a asuntos como estos, busca la experiencia y el consejo de los profesionales. La Biblia lo dice claramente: *"Donde no hay buen consejo, el pueblo cae, pero en la abundancia de consejeros está la victoria"* (Proverbios 11:14, NBLA).

Entrega tus hijos al cuidado de Dios. Entregar tus hijos al cuidado de Dios es una determinación de la voluntad que es necesario tomar diariamente. Dios ama a nuestros hijos incluso más que nosotros. La acción de renuncia pocas veces es fácil, pero es de suprema importancia. Esta es la oración que yo hago cada día: "Dios, entrego mis hijos a tu cuidado amoroso y a tus tiernas misericordias". Sí, es así de sencillo. Y cada vez que oro de esa manera, es un gran recordatorio para mí de que Dios está en control y no yo. Cualesquiera sean las causas que te rompieron el corazón, recuerda que en última instancia la pregunta en el corazón de tu hijo o hija, aunque ya sean grandes, es: "¿Aún me sigues amando?". Aunque puede requerir mucha disciplina, sí es posible cubrir a nuestros hijos grandes con amor incluso cuando se desvían de la senda que nosotros hubiéramos deseado para ellos. El amor de Dios hacia nosotros es un ejemplo perfecto del amor

> **Es posible cubrir a nuestros hijos grandes con amor incluso cuando se desvían de la senda que nosotros hubiéramos deseado para ellos.**

incondicional que debemos intentar derramar generosamente sobre nuestros hijos. Su amor nunca falla y no tiene fin, pero aun así Él nos permite vivir las consecuencias naturales de nuestras decisiones. La historia a lo largo de toda la Biblia presenta al pueblo de Dios rebelándose contra Él, sufriendo las consecuencias, y luego siendo restaurados por el amor redentor de Dios que los atrae nuevamente hacia Él. Ese es el amor que necesitamos mostrarles a nuestros hijos, un amor que los atraiga nuevamente hacia nosotros. La promesa de la historia de Dios es que el *amor prevalece*.

> *Como dice Jim, el Señor tiene el control y ama a nuestros hijos más que nosotros mismos. Recuerdo un día corriendo por la playa en Barcelona, la ciudad donde vivo, y expresándole una vez más mi frustración y amargura al Señor en relación a mi situación con los hijos. Así estaba cuando Dios me habló claramente diciendo: "Félix, de tus hijos me encargo yo, ya conozco su situación. ¿Por qué no hablamos de las cosas que deben cambiar en ti en relación a ellos?". Fue un momento de entender que había cosas en las cuales debía permitir que el Señor trabajara en mí y que los hijos simplemente sacaban a la superficie realidades que necesitaban ser trabajadas y cambiadas.*

CUANDO TU HIJO ADULTO SE DESCARRÍA DE LA FE

Mis amigos Jack y Jenny son líderes en un ministerio dirigido a la familia. Cathy y yo los conocemos desde hace muchos años, y hemos sido testigos tanto de su integridad como de sus excelentes estrategias de crianza. Ellos se sacrificaron económicamente para enviar a sus hijos a un colegio cristiano, siempre participaron activamente en la iglesia y también vivieron su fe cristiana de manera práctica en su hogar. Aun así, cuando los chicos ingresaron a la universidad, dejaron de practicar su fe y de asistir a la iglesia. A lo largo de sus años universitarios, los dos hijos participaron de todas las actividades que se asocian con un estilo de vida de fiesta. Cuando su hija se graduó de la universidad, se fue a vivir con su novio, quedó embarazada y se realizó un aborto.

Jack y Jenny se sintieron devastados y conmocionados cuando cada uno de ellos escogió desviarse de la fe. Como resultado de la rebeldía de sus hijos, ellos incluso llegaron a dudar de su propio llamado, que era ayudar a las familias a triunfar. Se culparon mutuamente. Se culparon a sí mismos. Buscaron respuestas e intentaron ayudar de diversas formas. Pero aun así sus hijos jóvenes adultos se descarriaron. Cathy y yo tuvimos muchas conversaciones con Jack y Jenny durante aquellos años difíciles. No había respuestas sencillas, y a veces solamente había más preguntas...

He dedicado toda mi vida adulta a ayudar a los jóvenes y a sus familias a triunfar. Mi mensaje siempre ha sido uno de compromiso espiritual y de esperanza, así que cuando veo tanta cantidad de jóvenes adultos, como los tres hijos de Jack y Jenny, alejándose de su fe, eso me angustia.

Me sentí especialmente conmovido hace unos años cuando escuché al Dr. Tony Campolo dar una charla profunda y personal titulada "Cuando tu hijo se aleja de la fe". Fue un mensaje conmovedor, basado en el dolor de observar a su propio hijo alejarse de la fe cristiana a la edad de cincuenta años. Creo que Tony resumió muy bien esta cuestión de los hijos adultos alejándose de la fe: "Cuando los jóvenes adultos dejan de escuchar la Palabra de Dios, dejan de cantar acerca de Dios, dejan de ser estimulados en su fe con otras personas y nunca pasan tiempo ejercitando su fe, el resultado final es que ella se va apagando. Si no usas un músculo, el músculo se atrofia. De la misma manera, si no ejercitas tu fe, tu fe se atrofiará".

Lo que Tony quería decir era que las personas rara vez pierden la fe por un evento de una sola vez. En cambio, lo que ocurre es que se va erosionando de a poco, porque no la usan. En ese sentido la fe, que es nuestra relación con Dios, se parece mucho a cualquier otra relación. Si no le prestamos atención a una persona, la relación se desvanece. Esto no significa que esa persona no siga estando de alguna manera presente en nuestra vida, solo significa que la relación se marchitó por falta de atención. Mantener la fe viva y vibrante demanda energía y enfoque, y la disciplina de estar cerca de otras personas que nos estimulen hacia una fe más profunda.

Creo que Tony tenía razón: crecer en la fe es una disciplina. *"... Más bien disciplínate a ti mismo[a] para la piedad"*, le escribió Pablo a su hijo espiritual (1 Timoteo 4:7, NBLA). Para mantener viva la fe es necesario dedicarle tiempo, sacrificio y energía. A cada momento, o estamos creciendo en la fe, o nos estamos atrofiando. No se puede poner la fe en piloto automático. La mayoría de las personas son conscientes de lo que se requiere para ponerse en forma físicamente, solo que no lo hacen. Lo mismo sucede con la fe.

Los hijos que abandonan la fe sin duda son una causa de profundo dolor para sus padres. Pero incluso cuando nuestros hijos le han dado la espalda a Dios, aún podemos elegir vivir llenos de esperanza. La promesa de la Escritura es: *"Enséñale al niño a elegir el camino correcto, y cuando sea viejo no lo abandonará"* (Proverbios 22:6). Si tus hijos se han alejado de la fe, ánclate en esta promesa. Es un recordatorio excelente de que hay gran una esperanza de que ellos eventualmente retornen a la senda correcta. Este proverbio no especifica cuándo volverán ni cómo, pero el tiempo, las circunstancias y el amor incansable de Dios tienen poder para hacer volver a los perdidos a casa. Y hasta que eso suceda, podemos ser fieles en la oración y en la esperanza.

Anatomía de una fe atrofiada

Para ayudar a nuestros hijos adultos a recuperar la fe de su juventud, debemos entender mejor qué es lo que puede causar la pérdida de su fe. Aquí hay seis factores que contribuyen a esto:

1. Descuido. Descuidamos nuestra fe cuando dejamos de practicar las disciplinas espirituales, como por ejemplo la oración, la lectura de la Biblia y la adoración. Muchas veces el descuido comienza con pequeñas cosas que vamos cediendo.

2. Distanciamiento. El distanciamiento es lo que sucede cuando permitimos que los sucesos y las circunstancias nos alejen de Dios. A veces ni nos damos cuenta de que nos está llevando la corriente, hasta que un día de repente nos encontramos muy lejos de Dios.

3. Incredulidad (falta de confianza). La fe, o la confianza en Dios, no puede coexistir con la actitud de autosuficiencia. La mayoría de nosotros no es "anti-Dios", pero depositamos nuestra confianza más en nuestros propios recursos que en el amor y el cuidado divinos. El caso es que cuando pretendemos enfrentar la vida solos, muy pronto nos damos cuenta de que somos finitos. Realmente nunca he podido comprender cómo puede una persona intentar enfrentar la vida y las relaciones sola, siendo que depender de Dios es mucho más atractivo. Pero donde hay descuido y distanciamiento, la falta de confianza es lo que inevitablemente viene después.

4. Desobediencia. La desobediencia es un acto de la voluntad. *"El que hace suyos mis mandamientos y los obedece, ese es el que me ama",* dijo Jesús. *"Y al que me ama, mi Padre lo amará, y yo también lo amaré y me mostraré a él"* (Juan 14:21). Nuestra obediencia muestra que amamos a Dios y hace posible que Jesús se revele a nosotros. Muchas veces los hijos grandes se distancian de su fe porque han elegido un estilo de vida que no honra a Dios. Su desobediencia hace que les resulte más difícil ver a Dios.

5. Insensibilidad a Dios. Cuando no ejercitamos nuestra fe, nos hacemos insensibles a Dios e incapaces de sentir los impulsos del Espíritu Santo. Esta falta de sensibilidad se da por el endurecimiento del corazón. No significa que odiemos a Dios, pero la condición de nuestro corazón dificulta que podamos oír y responder a sus indicaciones y dirección.

6. Perder el potencial espiritual. Este es el paso final en la pérdida de nuestra fe: vivimos bajo las consecuencias de nuestras decisiones y perdemos la presencia de Dios en nuestra vida. Cuando los hijos grandes pierden la presencia de Dios, su potencial espiritual disminuye y esto siempre les resulta doloroso a sus padres.

Hay también algunas cosas que podemos hacer para ayudar a nuestros hijos en su caminar espiritual. Cuando ellos rechazan la fe, lo mejor que podemos hacer es mantener un clima de apertura y de gracia, tomar la decisión de no autoincriminarnos, y continuar siendo de influencia para ellos.

Mantén un clima de apertura y de gracia. Como ya hemos visto, sermonear y criticar no ablandan el corazón de un hijo. De hecho, parece que producen el efecto contrario. La paciencia prevalece. Tus hijos serán atraídos por la autenticidad de tu fe y por tu relación con Dios. La poetisa Maya Angelou en cierta ocasión escribió: "He aprendido que las personas olvidarán lo que dijiste, olvidarán lo que hiciste, pero nunca olvidarán cómo las hiciste sentir". Asegúrate de que tus hijos sientan tu amor más que cualquier otra cosa. El amor y el cuidado constantes son la mejor manera de atraerlos de vuelta a la fe. Nuestros hijos deben saber que no importa qué camino elijan seguir, siempre habrá una senda de regreso a casa y siempre los esperará una alfombra de bienvenida en la puerta.

> *Nuestro lema como padres siempre ha sido que sólo la gracia puede redimir a una persona. Nunca se ha oído que la ley, el juicio y la condena lo hayan hecho.*

Decide no autoincriminarte. Te sorprendería saber cuántas de las conversaciones que he tenido con padres comienzan con (y se enfocan en) una lista de sus propios errores. "Si tan solo hubiera...". Gracias a Dios, las decisiones de fe de nuestros hijos no dependen de nuestra perfección. Hasta la última vez que averigüé, solo Dios es perfecto. Aquí es donde la disciplina espiritual de entregarle nuestros hijos a Dios y dejar sus vidas en sus manos resulta crítica. Puedes recriminarte por la pérdida de la fe de tu hijo, pero eso no va a ayudarle ni a él ni a ti. Solamente hará que te mantengas enfocado en el pasado y complicará tu relación con tu hijo. En cambio, invierte tu energía en orar por él y en confiar en Dios con respecto a su futuro. Y no te des por vencido.

> *Sólo Dios es perfecto, como indica Jim, pero hasta el Padre perfecto tuvo que experimentar a sus hijos apartándose de la fe.*

Sigue siendo de influencia para ellos. El hecho de que sermonear no funcione no quiere decir que no puedes seguir siendo de influencia en la vida de tu hijo. Por ejemplo, las fiestas (como la Navidad) pueden ser un buen momento para incorporar tiernos recordatorios espirituales, como una lectura inspiradora alrededor de la mesa de la cena, o la invitación a una reunión especial en la iglesia.

Hace poco conocí a una madre que trajo a su hijo y a su nuera a una charla para padres que se organizaba en su iglesia. Ellos vinieron por la charla, pero terminaron impresionados con la iglesia y con los esfuerzos que esta hacía para ayudar a las familias a triunfar. Hay otros padres que periódicamente les envían a sus hijos posts de algún buen blog cristiano que puedan interesarles, o un libro o un artículo acerca de algún tema que sea importante para ellos. A veces tus hijos leerán el material y otras veces no. Con tal de que los artículos y tus intenciones no se parezcan a un sermón, es probable que tus esfuerzos sean bien apreciados. (Pero por favor, no los llenes de mensajes, artículos y libros sin su aprobación). [20]

Hemos descubierto que invitar a nuestras hijas adultas que viven cerca a desayunar con nosotros el domingo antes de la reunión de la iglesia es una gran manera de influenciarlas a que asistan a un servicio de adoración. Hemos gastado mucho dinero en restaurantes y cafeterías, y hemos ingerido algunas calorías de más, pero esto parece funcionar bien para nuestra familia. ¡Además, nos encanta el tiempo que pasamos juntos!

¿Recuerdas a Jack y Jenny, el matrimonio cuyos tres hijos se habían rebelado? Después de varios años, ellos están regresando poco a poco a la fe. Sus dos hijos varones están casados y ya tienen hijos, y ambos quieren que sus hijos sean criados en la iglesia. Ellos ahora asisten a la misma iglesia que sus padres, y quieren que los nietos vivan cerca de sus abuelos. Su hija empezó a hacer muchas preguntas, e incluso los llama de vez en cuando para pedirles oración.

> *Somos llamados a bendecir a todos. Hagamos el bien, afirma Pablo, comenzando por la familia de la fe y, naturalmente por la nuestra. Hemos de ser intencionales, proactivos, sabios y diligentes en encontrar maneras de bendecir a nuestros hijos.*

¿Acaso todas las historias de hijos descarriados tienen un final feliz? No, pero el principio bíblico todavía sigue siendo válido: *"Enséñale al niño a elegir el camino correcto, y cuando sea viejo no lo abandonará"* (Proverbios 22:6). El factor tiempo y el resultado final no están en nuestras manos, pero basándome en mis años de consejería familiar, puedo asegurarte que los hijos que se descarrían o que violan los valores con los que fueron criados, a menudo, tarde o temprano, retornan a la fe.

La vida es complicada, y a veces cosas malas sí les suceden a los padres buenos. A lo largo de los años, al estudiar diferentes familias, muchas veces me he preguntado: ¿cuál es la fórmula que permite que algunas familias triunfen y otras se hundan? Creo que al menos una parte de la respuesta se encuentra en dos palabras: actitud y perspectiva.

Permíteme explicar esto. Joni Eareckson Tada siempre ha sido una de las personas que yo considero mis héroes. Joni quedó paralizada en un accidente de buceo cuando era una adolescente. Ahora tiene más de 70 años, y durante toda su vida como adulta ha tenido que usar una silla de ruedas y ha sufrido fuertes dolores. Aun así, es una de las personas más radiantes que he conocido. Desde el día en que leí por primera vez su historia y vi la película sobre su vida, quedé intrigado por su asombrosa actitud a pesar de sus circunstancias.

Una tarde, aproximadamente cincuenta años después de su accidente, tuve el privilegio de entrevistar a Joni para una transmisión de radio. Cuando ella y su maravilloso esposo Ken entraron al estudio, me impactó su aspecto resplandeciente. Me deshice de las preguntas que tan cuidadosamente había preparado para la entrevista y sencillamente le pregunté: "Joni, ¿cómo logras estar tan radiante en medio de tu dolor y sufrimiento?".

Ella me miró pensativamente por unos momentos, y entonces sonrió y dijo: "Jim, cada día encuentro, en medio de mi dolor, razones para estar agradecida por la vida. La Biblia dice: 'Den gracias a Dios en todo', y me parece que esa ha llegado a ser la respuesta refleja en mi vida".

La expresión 'respuesta refleja' fue algo que me llamó la atención. Incluso en sus momentos más duros, Joni había hecho de la gratitud un hábito de su corazón. Sus circunstancias difíciles no habían cambiado. Ella no fue sanada milagrosamente. Pero su actitud era una de profundo gozo porque había elegido ser agradecida. Y no solo la actitud de Joni era asombrosa, sino también su perspectiva. Yo hubiera visto un accidente de buceo como un evento horrible en mi vida. La perspectiva de ella era que ese accidente, por horrible que fuera, le había dado la oportunidad de alcanzar con las buenas nuevas a millones de personas y de acompañar a otros que necesitaban esa esperanza que ella sabía compartir de una manera tan especial.

Después de la entrevista me quedé meditando sobre sus palabras durante todo el día. Cathy y yo habíamos estado atravesando momentos duros con una de nuestras hijas. Las palabras de Joni no resolvieron el asunto, pero nos dieron la perspectiva para entender que, aun durante lo que nosotros considerábamos que era un tiempo difícil, podríamos encontrar gozo en el camino al hacer de la gratitud nuestra respuesta refleja.

> **Aunque no podemos cambiar nuestras circunstancias, la actitud y la perspectiva que elijamos marcarán la diferencia.**

Es doloroso cuando un hijo viola nuestros valores. Casi siempre nos lleva a dudar de nuestra capacidad como padres y a preguntarnos qué fue lo que hicimos al mal. Sin embargo, aunque no podemos cambiar nuestras circunstancias, la actitud y la perspectiva que elijamos marcarán la diferencia. De manera que, sigamos el ejemplo de Joni y mantengamos la esperanza mientras esperamos la victoria.

Si te pareces en algo a mí, seguramente deseas que tus hijos estén bien casi más que cualquier otra cosa en la vida. Yo no puedo hacer que desaparezca tu dolor, pero esto es lo que sí sé por experiencia: Dios promete caminar contigo por el valle de la sombra de muerte, y de regreso. ¡Sigue orando por tus hijos! A mí me alegra mucho el saber que cuando oramos por nuestros hijos y por nuestra familia, el poder de la oración no viene de nuestras palabras sino de Aquel que las oye y nos ama con un amor inagotable.

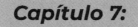

Capítulo 7

El alto costo del dinero

Principio 7:

La independencia y la responsabilidad
financiera son la meta.

Querido papá:
La univer$idad e$ grandio$a. E$toy con$iguiendo
mucho$ amigo$ y e$toy e$tudiando mucho.
Con toda$ las co$a$ que traje, $implemente no
puedo pen$ar en nada que nece$ite. A$í e$ que
$i lo de$ea$, $olo envíame una tarjeta, porque me
encantaría tener noticia$ tuya$.
Con cariño, Tu hijo

Querido hijo:
Me doy cuenta de que la astronomía, las ciencias
económicas y la oceanografía son suficientes para
mantener muy ocupado incluso a un estudiante
sobresaliente. No olvides que la búsqueda del
conocimiento es una labor noble y que nunca se puede
estudiar en exceso.
Con cariño, Papá

Cierta vez, un joven le preguntó a un hombre mayor y muy sabio: "¿Qué se necesitaría para que yo me convirtiera en una persona financieramente responsable y con una economía personal saludable?".

El hombre mayor, que era un empresario exitoso, sonrió y dijo: "Dos palabras: buenas decisiones".
"¿Y cómo puedo yo aprender a tomar buenas decisiones?", preguntó el joven.
El hombre mayor le respondió: "Una palabra: experiencia".
El joven insistió, intentando obtener más detalles. "¿Y... cómo puedo obtener experiencia?"
El hombre mayor le contestó: "Dos palabras: malas decisiones".

Siempre me ha gustado esta historia porque describe de una forma resumida la forma en que la mayoría de nosotros aprendemos a manejar el dinero. Al igual que en otras áreas de la vida, los padres que tienen el hábito de salvar a sus hijos de las consecuencias de sus malas decisiones en lo económico, lo único que logran es atrofiar su capacidad de desarrollar músculos financieros saludables y de llegar a ser responsables e independientes con sus finanzas.

Ahora bien, si tú estás ayudando a tus hijos económicamente, quiero que sepas que no eres el único. Más del 75% de los padres les dan a sus hijos adultos algún tipo de ayuda financiera en algún momento de sus vidas. Pero también debes saber que los problemas de dinero pueden ser una causa importante de preocupación y de conflicto entre los padres y sus hijos adultos.

En una revolucionaria investigación que realizó Jeffrey Arnett en la Universidad Clark por medio de una encuesta a padres de hijos adultos emergentes, él descubrió que los problemas de dinero se ubican en primer lugar como causa de preocupación de los padres con respecto a sus hijos adultos. ¡Este tema quedó más alto en la lista que la mala elección de una pareja, la falta de trabajo y el progreso educativo! [21]

El ignorar la dinámica del dinero en nuestra relación con nuestros hijos puede tener un alto costo. Si no conversamos abiertamente con ellos acerca del dinero, el asunto no se esfumará, solamente se hará más complicado. Habrá malentendidos, sentimientos heridos y hasta, potencialmente, un quiebre en la relación. El dinero, tal vez más que ningún otro asunto, tiene el poder de meter una cuña entre nosotros y nuestros hijos si no hablamos abiertamente con ellos del tema.

Karen y Eric se presentaron en mi oficina para conversar acerca de lo que ellos llamaban "el pozo sin fondo" en lo relativo a sus gastos. La mayoría de las personas utilizan ese término cuando tienen una casa que requiere permanentemente un mantenimiento muy costoso, o tal vez un automóvil viejo al que siempre deben estar arreglándole distintas cosas... pero ellos lo utilizaban para referirse a Joel, su hijo de 26 años de edad. Él estaba teniendo lo que anteriormente en este libro hemos llamado "dificultades para despegar". Sus padres aún lo mantenían económicamente y había muy pocas razones para tener esperanzas de que él fuera a progresar hacia a la próxima etapa de la edad adulta más o menos pronto.

Cuanto más hablaban Karen y Eric, y cuanto más señalaban la falta de responsabilidad financiera de Joel, más sentía yo que el problema no tenía que ver enteramente con su hijo. Ellos seguían refiriéndose a él como la causa de tan enormes despilfarros de dinero, pero yo empecé a sospechar que ellos contribuían más al problema que simplemente gastando dinero en él. Evidentemente, su hijo no estaba siendo responsable, pero también se hacía más y más evidente que ellos estaban de alguna manera favoreciendo (o incluso provocando) su comportamiento irresponsable.

"¿Por qué siguen pagándole todo? ¿Tiene alguna discapacidad o hay alguna otra razón por la cual él no pueda hacerse cargo de su propio sostén?", les pregunté.

"No", dijo Eric. "Joel nunca se ha destacado con sus calificaciones, pero no tiene ninguna discapacidad ni ningún problema de aprendizaje que lo frene. Él es totalmente capaz y apto para trabajar".

En ese momento, de repente, Karen comenzó a llorar. Y entonces soltó lo que tenía guardado: "¡Es que yo me temo que si no seguimos cuidando de él, terminará viviendo en la calle, o empezará a consumir drogas, o tomará alguna decisión horrible con una chica!".

Aaaah, bueno. Ahora sí estábamos avanzando. El temor de Karen era real, y legítimo hasta cierto punto. Yo no cuestioné su deseo de proteger a su hijo de las malas decisiones, pero consentirlo financieramente como lo estaban haciendo ellos no era necesario. En vez de fomentar la independencia y la responsabilidad financiera, ellos estaban reforzando la dependencia de Joel. Pese a su amor y a que tenían las mejores intenciones, ellos tenían ahora en sus manos a un hombre-niño que se creía con demasiados derechos y pocas obligaciones. Si las cosas seguían así, no terminarían bien para ninguno de los involucrados.

Pero volviendo a los temores de Karen... ¡sus temores eran los normales de cualquier padre o madre que ama a sus hijos! Ningún padre quiere ver a su hijo viviendo en la calle, o tomando malas decisiones, o llevando un estilo de vida peligroso. Pero en este punto es donde los padres deben enfrentar sus temores y decidir lo que resultará mejor para su hijo *a largo plazo.* Si Karen y Eric querían ayudar a que Joel llegara a ser algún día un adulto responsable, entonces necesitaban poner en práctica una política de amor firme en lo referido al dinero. La pregunta que debían hacerse no era si su hijo podría conseguir por sí solo su próximo bocado de comida, o si podría encontrar un trabajo pronto. La pregunta era: "Proveerle más dinero a nuestro hijo, ¿lo ayudará a llegar a ser autosuficiente, o prolongará su dependencia de nosotros"? La única respuesta a una situación como la de ellos era dejar de echar dinero en saco roto (o en "el pozo sin fondo"), y alentar a su hijo a hacerse cargo de su propia situación financiera.

Tal vez tus hijos grandes no son irresponsables con sus finanzas, pero si tú aún sigues pagando los gastos de su teléfono celular y otras cuentas, estás impidiéndoles que maduren. Muchas veces el amor significa decir que no, aunque uno tenga a su disposición los recursos para decir que sí. Decir que no y detener el flujo de dinero hacia tus hijos cuando ya son grandes, probablemente sea la decisión más eficaz que puedas tomar para ayudarles a dar el próximo paso hacia la responsabilidad financiera. Ten en cuenta que el primer paso en cualquier proceso para sanar algo suele ser el más doloroso. Siempre les he dicho a mis hijas que "antes de la libertad, a menudo viene el dolor", y por eso es que debemos mantener en mente la meta final, que es la independencia financiera. ¡No te angusties! ¡Las cosas mejorarán!

> *Nuestra psicología como padres es complicada. No siempre tenemos la capacidad de discernir las necesidades que motivan nuestras acciones. Tomar cualquier decisión dura con nuestros hijos, sea financiera o de otro tipo, nos cuesta porque, en ocasiones, nos queremos proteger a nosotros mismos del dolor de la confrontación, de ser rechazados, de traumatizar a nuestros hijos, etc. Pero en el fondo hemos de preguntarnos y preguntarle al Señor si, aunque la excusa sean ellos, nos estamos protegiendo a nosotros mismos y a mediano y largo plazo dañándolos a ellos.*

MANTÉN EN MENTE LA META FINAL: LA RESPONSABILIDAD Y LA INDEPENDENCIA FINANCIERAS

El viejo dicho: "Dale a un hombre un pescado, y le darás de comer por un día; enséñale a un hombre a pescar, y le darás de comer por toda la vida" también se aplica a este tema de ayudar a los hijos grandes a llegar a ser responsables de sus finanzas. Hacemos esto cuando les enseñamos a principios fundamentales acerca del dinero y luego los ayudamos a desarrollar un plan sencillo y práctico para que puedan aplicarlos. Desafortunadamente, la mayoría de nosotros pasamos poco o nada de tiempo cuando nuestros hijos eran pequeños creando una hoja de ruta con ellos para que los condujera hacia la responsabilidad financiera. Y cuando éramos padres de hijos adolescentes, solamente estábamos intentando llegar de un día al próximo. Pero no todo está perdido. Si nuestros hijos ya grandes aún dependen de nosotros económicamente, entonces todavía tenemos la influencia necesaria sobre sus vidas como para ayudarlos a practicar la mayordomía responsable. Hacer esto no solo los capacitará para llegar a ser adultos responsables, sino que también beneficiará su matrimonio y sus relaciones familiares más adelante. Hay dos cosas que cada padre de un hijo grande que es dependiente económicamente puede hacer: desarrollar una estrategia de salida y fomentar la independencia.

Desarrolla una estrategia clara de salida

Una estrategia clara de salida es un plan para ponerle fin a la ayuda financiera de los padres. Esto significa que tu hijo entienda claramente lo que sí estarás dispuesto a pagar cuando tu respaldo económico termine, y lo que no. En nuestra familia, nos aseguramos de que nuestras hijas supieran que nos haríamos cargo del costo de su educación universitaria y de su fiesta de casamiento, y dejamos esto en claro mucho antes de que hubiera llegado una carta de aceptación a la universidad o un noviazgo. No es justo tirar de la alfombra financiera que tú mismo pusiste debajo de tu hijo, aunque él ya sea grande, si no has conversado previamente para que sepa lo que puede y lo que no puede esperar recibir de tu parte.

Karen y Eric decidieron confeccionar un plan sencillo juntamente con Joel. En el fondo, él quería madurar y hacerse responsable por sus finanzas y por su vida. Como es verdad que las personas apoyan con más gusto lo que ayudaron a crear, decidieron fijar una cita con un amigo de la familia que era asesor financiero, y juntos lograron confeccionar un plan con el cual todos estaban de acuerdo. Más tarde estos padres me contaron que hubo algunos resbalones en el camino, pero que ahora todos se sentían mejor acerca de la situación y que Joel vivía con éxito de manera independiente. Sin un plan, eso no hubiera sucedido.

Fomenta la independencia

Nuestros amigos Rebeca y Miguel se tomaron en serio la tarea de enseñarles responsabilidad financiera a sus hijos. A la edad de 16 años, cada uno de sus tres hijos debía sentarse con mamá y papá para verlos y aprender cómo era la disciplina de pagar las cuentas familiares y mantener el balance de la chequera, y también para ayudarles a preparar los informes impositivos. Incluso ellos les dieron a sus hijos algo de participación en lo que tenía que ver con el destino de las ofrendas y con las estrategias de inversión. Tal vez todo esto suene un poco loco, ¡pero funcionó! Sus tres hijos son ahora adultos independientes y responsables. Obviamente, estos adolescentes no tomaron ellos solos las decisiones acerca de las finanzas familiares, y sin duda demandó más tiempo el permitir que ellos ayudaran con el pago de las cuentas, el balance de la chequera y los impuestos, de lo que le hubiera llevado a los padres hacerlo solos. Pero la mentoría que estos adolescentes recibieron mientras hacían todo esto junto a sus padres, bien valió el tiempo y el esfuerzo invertidos.

En nuestra familia, cuando nuestras hijas eran pequeñas les dábamos una asignación de dinero que estaba asociada con sus tareas semanales. Cuando llegaron a cierta edad, también les dimos sumas más grandes de dinero para comprarse ellas solas la ropa para el colegio. Con tres hijas mujeres, tuvimos algunas experiencias dramáticas y varias elecciones desastrosas respecto de la ropa, el maquillaje y el estilo de corte de cabello, pero las tres sobrevivieron. Estas asignaciones se acabaron luego de que ellas terminaron la universidad. Otro matrimonio que conocemos se reunió con sus hijos cuando cada uno de ellos ingresaba a la universidad, y les explicaron: "Esto es lo que podemos hacer por ti durante los cuatro años de universidad. Después de la misma, seguiremos brindándote esta ayuda durante tres meses y luego estaremos cortando las cuerdas". Cualesquiera sean las decisiones que tomen como matrimonio, asegúrense de que ambas partes, ustedes y sus hijos, las comprendan con claridad.

Muchos padres aprenden de la manera difícil esta idea de no permitir que sus hijos se transformen en un pozo sin fondo para su dinero. Cierta vez, un matrimonio adinerado se reunió conmigo porque su hijo era adicto a la heroína. "¿Y cómo la paga?", les pregunté. Resultó ser que su hijo contaba con una abultada suma de dinero como asignación mensual. El padre miró a su esposa y dijo: "¡Creo que la estamos pagando nosotros!". Recuerda,

> **Si tu hijo está tomando malas decisiones, no apoyes esas elecciones económicamente.**

la autosuficiencia es la meta. Si tu hijo está tomando malas decisiones, no apoyes esas elecciones económicamente.

> *Nuestros países tienen realidades económicas diferentes a la de los Estados Unidos. El desempleo y la imposibilidad de acceder a la vivienda son realidades que, como ya mencioné anteriormente, hacen que nuestros hijos no puedan emanciparse y que dependan económicamente de nosotros, sobre todo si carecen de trabajo. Sin embargo, los principios compartidos por Jim siguen siendo válidos y es preciso discernir cómo aplicarlos en la realidad de cada familia. Existe otro tema añadido: en algunas ocasiones son los hijos los que deben sostener económicamente a los padres por factores como el desempleo, pensiones de jubilación insuficientes, etc.*

ENSÉÑALES A TUS HIJOS PRINCIPIOS FINANCIEROS SALUDABLES

Un regalo mucho mejor que darles dinero a tus hijos es enseñarles a ser buenos mayordomos de su propio dinero. Este es un regalo que la mayoría de los padres no suelen dar. He trabajado con centenares de parejas jóvenes en educación y consejería prematrimonial por medio de nuestro libro *Getting Ready for Marriage* [Cómo prepararse para el matrimonio] (más información en www.gettingreadyformarriage.com). Siempre que les pregunto si han recibido enseñanza o entrenamiento de parte de sus padres en lo que tiene que ver con la responsabilidad financiera, muy pocos me dicen que ellos se tomaron en serio esta área de su preparación. Algunos me dicen que sus padres sí fueron modelos de buen comportamiento en este sentido, pero ninguno jamás me dijo haber recibido toda la orientación y guía que hubiera necesitado.

Seamos sinceros: el dinero es un problema para la mayoría de las familias. La mayor parte de ellas no creen tener dinero suficiente, y además posiblemente la mayoría esté atrapada en deudas enormes u otros problemas financieros. Pero la realidad es que al menos una parte de esos problemas viene por decisiones y planificaciones deficientes. Todos los estudios que conozco demuestran claramente que las familias, ya sean ricas, pobres, o algo intermedio, son más alegres y están más satisfechas con la vida si manejan su dinero de una manera saludable.

Aunque yo no soy de ninguna manera un experto en finanzas, Cathy y yo decidimos enseñarles a nuestras hijas acerca de la mayordomía responsable como parte de nuestra mentoría familiar. Hemos sido grandemente influenciados por el difunto Ron Blue, quien era un maravilloso planificador financiero. Esto es lo que Ron nos enseñó sobre la administración del dinero y los principios de mayordomía bíblica:

• Dios es el dueño de todo.
• Existe un intercambio y una correlación entre el tiempo y el esfuerzo, y el dinero y la recompensa.
• No hay tal cosa como una "decisión financiera independiente".
• La gratificación dilatada es la clave para la madurez financiera.[22]

En base a estas excelentes palabras de consejo, aquí te comparto los seis principios sobre administración de dinero que les enseñamos a nuestras hijas:

1. Gasta menos de lo que ganas. La primera vez que me dirigí a una audiencia de padres sobre el tema de enseñarles principios financieros a sus hijos, añadí la palabra "obvio" al final de este principio. Dije: "Gasta menos de lo que ganas, ¡obvio!". La añadí buscando lo que se llama un 'alivio cómico', pero nadie se rio. Cuando nos sentamos en pequeños grupos de discusión luego de la charla, los padres mencionaron reiteradas veces la necesidad de no solo enseñarles este principio a nuestros hijos, sino también de demostrarlo nosotros mismos en la práctica. Por ejemplo, la suma colectiva de todas las deudas personales de los estadounidenses es de más de 13 trillones de dólares.[23] Otro dato llamativo es que más del 57% de los estadounidenses no cuentan ni siquiera con mil dólares en sus ahorros como para usarlos en momentos de emergencia.[24] Como ves, el asunto de la deuda es un gran problema, y por supuesto que no solo en los Estados Unidos. Gastar menos de lo que uno gana puede sonar simplista, pero es una parte muy importante de la responsabilidad financiera.

2. La deuda es esclavitud. Demasiados adultos emergentes tienen la mentalidad de "gastar hoy usando el crédito, y luego pagar las cosas a lo largo del tiempo". Mala idea. Acarrear la deuda más los intereses de la tarjeta de crédito demuestra una mala mayordomía, y todos hemos oído historias dolorosas de jóvenes adultos (sobre todo en los Estados Unidos) cuya deuda por su educación universitaria los dejó imposibilitados financieramente durante una década o más luego de su graduación. Jordan, el hijo de un amigo mío, obtuvo una tarjeta de crédito durante su primer año de estudios en la universidad, e inmediatamente salió a comprarse una bicicleta de mil dólares. Él tenía un trabajo de medio tiempo y su meta era pagarla en cuatro años. Lo que no se dio cuenta fue que, con los intereses, la bicicleta le costaría el doble a lo largo de esos cuatro años. Y no es que la necesitara para llegar al trabajo o a la universidad. Más tarde él les dijo a sus padres que solo la había usado unas pocas veces después de haberla comprado. Ahora tiene una bicicleta que le costó dos mil dólares acumulando polvo en el garaje, y aún sigue pagando las cuotas correspondientes todos los meses. La deuda es esclavitud.

3. La gratificación dilatada es la respuesta. Solo por diversión, le pregunté a nuestro nieto James, de 2 años de edad, si prefería un helado o un billete de cincuenta dólares para colocar en una cuenta de ahorros. Él me miró como si yo estuviera loco y luego me dijo: "Quiero helado". Como es un niño pequeño que no entiende nada sobre el dinero, yo esperaba que contestara de esa manera. Desafortunadamente, esta mentalidad de "lo quiero ahora" no se termina cuando se acaba la niñez. De hecho, es la mentalidad dominante entre los jóvenes y también entre los mayores en nuestra sociedad actual. El pequeño James tiene una excusa... ¡él tiene 2 años!, pero no hay excusa para el resto de nosotros. Tú eres el modelo que tus hijos necesitan. Cuando dilatas la gratificación en lugar de comprarte en seguida las cosas que deseas, los estás ayudando a comprender la diferencia entre las necesidades y los deseos. También puedes enseñarles el poder del interés compuesto. El interés compuesto significa esencialmente "interés sobre el interés", y es la razón por la que muchos inversionistas son exitosos. Cuando dilatamos la gratificación de hoy al invertir en el mañana, los retornos pueden ser significativos. Por ejemplo, si una persona hubiera invertido cinco mil dólares en acciones de Amazon en 1997, veinte años después esa inversión valdría más de un millón de dólares.

4. De ser posible, da el 10% y ahorra el 10%. Cathy y yo intentamos transmitirles a nuestras hijas que nunca hemos conocido a una persona que tuviera problemas financieros importantes, que diera de manera regular el 10% de sus ingresos a caridad y colocara otro 10% en sus ahorros. Es posible que esta sea una simplificación, pero según mi experiencia, con el tiempo los que dan y los que ahorran prosperan mucho más. Es cierto que cada contexto económicamente hablando es diferente, pero siempre que sea posible ponerlo en práctica, verás que funciona.

5. Es imprescindible tener un presupuesto. Se han hecho muchos estudios sobre las finanzas de personas que son exitosas en este aspecto. Las personas en sí mismas son diversas, pero todas tienen una cosa en común: viven basándose en un presupuesto. Uno de los regalos más grandes que puedes darles a tus hijos es la capacidad de elaborar y seguir un presupuesto. Un presupuesto es una hoja de ruta para ayudarles a saber cómo les está yendo financieramente, y si es que están avanzando bien o se están desviando del camino. Cuando hago consejería prematrimonial encuentro que la mayoría de las parejas nunca han usado un presupuesto, ni han sido enseñados por sus padres sobre cómo elaborar uno. Una de las sesiones que hago con cada pareja es sobre el tema de las finanzas, y siempre les digo que no me reuniré con ellos a menos que traigan un presupuesto. Ayudar a tus hijos a crear un presupuesto es una gran oportunidad para mentorearlos, a la vez que los preparas para el futuro.

6. No tengas temor de hablar sobre el dinero, en especial cuando no se ha manejado debidamente. Marcos y Débora le dijeron a su hija Selena que le pagarían la educación universitaria con la condición que ella mantuviera un promedio de 'B' en sus calificaciones. Un semestre, Selena invirtió más energía en su fraternidad que en sus estudios. Se fue de viaje varias veces, no logró completar algunos de los trabajos que tenía asignados y nunca se puso al día. Sus calificaciones en ese semestre estuvieron muy por debajo del promedio de 'B' requerido por sus padres.

Cuando sus padres se enteraron, se sentaron con Selena y le dijeron: "Comprendemos. Cosas como esta pueden suceder en la universidad. Sin embargo, nosotros habíamos sido claros sobre el hecho de que si no mantenías un promedio de 'B', algo que tú eres capaz de conseguir sin demasiado esfuerzo, entonces temporariamente detendríamos el flujo de dinero para la universidad".

Selena se puso a llorar y les rogó que le dieran una segunda oportunidad. Me gusta la solución que Marcos y Débora pensaron. Le dijeron a su hija que ella tendría que encontrar la manera de pagar el próximo semestre por su cuenta. Pero que, si lograba un promedio de 'B', ellos le devolverían el dinero después de finalizado el semestre. A la joven no le encantó el arreglo, pero se esforzó para conseguir el dinero y se esmeró para mantener ese promedio de 'B'. Ella aprendió una valiosa lección acerca de la responsabilidad financiera y sus padres lograron mantener intacta la relación con ella porque no tuvieron temor de hablar sobre el dinero.

Conozco a otros padres que contaban con los recursos como para proveerles a su hijo recién casado y a su esposa el depósito para la compra de una casa. En cambio, se sentaron con ellos y les dijeron que igualarían sus ahorros, dólar por dólar. Es decir que por cada dólar que este joven matrimonio pusiera, sus padres pondrían uno más. Tres años después, el joven matrimonio se presentó nuevamente ante ellos con una gran suma ahorrada, y aprovecharon la generosa oferta. Nuevamente, el hablar acerca del dinero fijó expectativas claras, promovió la independencia financiera de su hijo, y mantuvo fuerte su relación.

Si tu hijo ya grande está de acuerdo, mantente en el rol de coach o mentor financiero. Aunque no tengas personalmente un historial financiero perfecto, muéstrate dispuesto a aprender juntos. Conozco a un matrimonio que alentó a sus hijos casados para que asistieran a una serie de charlas de la *Universidad de la paz financiera en su iglesia*. También se ofrecieron para cuidar a los nietos, pero como la iglesia ofrecía gratuitamente el cuidado de niños, los invitaron a unirse a ellos. Juntos aprendieron varios principios bíblicos relacionados con las finanzas que ayudaron a ambas parejas a fortalecer su situación financiera. Además, su relación se convirtió en una relación mucho más abierta en lo que respecta a tratar temas como la responsabilidad financiera, y esto permitió que los padres hablaran a las vidas de sus hijos como mentores sobre los principios de una mayordomía saludable. Si podemos enseñarles a nuestros hijos que "las mejores cosas de la vida no son cosas", entonces habremos hecho un buen trabajo.

> *Con estos principios tan sabios, como con tantas otras áreas de la vida, no debemos esperar que nuestros hijos vivan lo que nosotros no practicamos. Nuevamente, nuestras vidas son el manual que no pueden dejar de leer.*

LOS HIJOS GRANDES Y TU PLAN PATRIMONIAL

Aunque no tengas toneladas de dinero para dejarles a tus hijos, es importante que pienses acerca de tu patrimonio en términos de legado y de impacto. No importa cuánto tengas, no dejes a tus hijos en penumbras como hizo el matrimonio de la historia que te voy a relatar a continuación.

Con un patrimonio neto de 300 millones de dólares, podría decirse que este matrimonio era adinerado en extremo. También eran filántropos cristianos, comprometidos y generosos. Fue solo después de que fallecieran ambos padres, que sus hijos descubrieron que la totalidad de su patrimonio había sido dejada a una fundación benéfica. Los hijos estaban sorprendidos y consternados de que no les hubieran dejado nada. Sus padres tenían todo el derecho de dejar su dinero a quien ellos quisieran, pero deberían haberles comunicado sus intenciones a ellos. El resultado desafortunado fue que los hijos se pelearon entre ellos, le hicieron juicio a la fundación, y les causaron muchos problemas y angustias a todos los involucrados.

Esta es la lección que aprendí de la historia que te acabo de contar: tengas o no dinero para dejar por herencia, comunícales tus planes a tus hijos. Ponlo por escrito, dejando un testamento o un fideicomiso en vida. Si aún no tienes un testamento o un fideicomiso, entonces deja de leer este libro ya y asegúrate de ocuparte de eso hoy mismo. ¡Así de importante es! Dejar que tus hijos resuelvan qué hacer con tu patrimonio después de que te hayas ido es una actitud egoísta. Haz de tu patrimonio un patrimonio "sin sorpresas".

Del mismo modo, comunica por anticipado tus preferencias y planes referidos a las cuestiones de salud y al final de tu vida. A la mayoría de las familias no les gusta hablar de esto, pero será de mucha ayuda para tus seres queridos. Cuando falleció mi padre, todos nosotros sabíamos exactamente lo que él quería. Él hizo que las decisiones fueran mucho más fáciles para nosotros. Como ejecutor

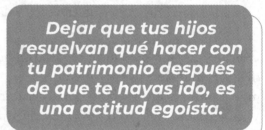

Dejar que tus hijos resuelvan qué hacer con tu patrimonio después de que te hayas ido, es una actitud egoísta.

de su fideicomiso en vida, yo había conversado con él acerca de todo y no hubo sorpresas. Hablar de las cosas por anticipado y honrar luego los deseos de mi padre, fue algo saludable y que me ayudó a superar el dolor de la pérdida.

Algunos de nuestros amigos no quieren hacer testamento porque piensan que es una especie de invocación a la muerte. Sara y yo lo tenemos hecho desde hace años y nuestros hijos saben los términos del mismo. Y, tal y como indica Jim, hemos hablado de forma explícita sobre cómo anticipamos que ellos manejen nuestro —a decir verdad— escaso patrimonio.

HAY QUE ELEGIR ENTRE EL DOLOR DE LA DISCIPLINA Y EL DOLOR DEL ARREPENTIMIENTO

Una de las mejores cosas que puedes hacer por tus hijos es enseñarles cómo tener una buena mayordomía financiera. Una relación poco saludable con el dinero produce remordimiento, malentendidos y muchas veces, relaciones rotas. Es muy poco probable que tus hijos lleguen a tener una relación saludable con el dinero si tú no haces ningún esfuerzo por enseñarles. Para tomar decisiones financieras saludables se requiere disciplina y un plan. El dinero no trae la felicidad, pero vivir dentro de tus posibilidades y con una buena administración puede evitarles a ti y a tus hijos muchas lamentaciones.

Una carta abierta a los padres que mantienen económicamente a sus hijos adultos

Peter Dunn es un prestigioso orador y columnista de *USA Today*. El ofreció muy buenos consejos en una columna que escribió, titulada: *"An open letter to parents who financially support adult children"* (que en español sería: 'Una carta abierta a los padres que mantienen económicamente a sus hijos adultos'). Aquí hay un extracto de esa columna:

Te escribo, no desde un lugar de juicio, sino que por el contrario me dirijo a ti basándome en un inmenso cúmulo de trabajos que me han aportado una gran claridad. El apoyo financiero que tú les estás ofreciendo a tus hijos adultos es tóxico. Los estás lastimando, te estás lastimando a ti mismo, y hasta que te des cuenta de que no es dinero lo que ellos necesitan, todos los involucrados sentirán dolor.

Recuerda cuando le enseñaste a tu hija a andar en su bicicleta sin rueditas auxiliares. ¿Quién estaba más asustado? La idea de soltar a una niña y que se mueva sobre el cemento a la velocidad de un cohete y con poca protección resulta verdaderamente aterradora. Si la sueltas, se caerá y sangrará. Si no la sueltas, nunca aprenderá a andar en el medio de transporte más elemental desde la invención de los pies. Una vez que te decides a soltarla, y se cae y sangra, ella aprende rápidamente que el equilibrio y el control equivalen a la ausencia de dolor. En ese momento, cada uno sigue con su vida.

Asumiendo que ahora tu hija de veinte o treinta años de edad sabe andar en su bicicleta sin rueditas auxiliares, ¿cuál dirías que fue el elemento principal en su logro inicial de aprender a andar así? Fue tu decisión de aceptar alejarte de la situación, aun con la inquietante certeza de que tu ausencia resultaría en dolor.

Capítulo 8

Suegros, yernos, nueras y familias ensambladas

Principio 8:
Vístete de beige y mantén la boca cerrada.

> *"¡Los primeros cuarenta años de ser padres son siempre los más difíciles!".*

En el casamiento de su hijo, le preguntaron a una mujer que conozco: "¿Cuál es la responsabilidad de la madre del novio?". Ella sonrió y dijo: "Vístete de beige y mantén la boca cerrada". La persona que le había hecho la pregunta se rio, pero realmente era un gran consejo, especialmente cuando se trata de las relaciones con la familia política.

A muchos comediantes les gusta hablar sobre este tema, en especial sobre la suegra. Debo admitir que muchas veces me he reído con esos chistes. La razón por la cual muchos comediantes tienen una rutina sobre la suegra es que los estereotipos de 'la suegra' se basan en realidades con las que la mayoría de la gente se puede identificar. Y además...

es cierto que algunas suegras sí son metidas. Pero cuando se trata de lidiar con los suegros, familias políticas y familias ensambladas, la sabiduría detrás del ocurrente consejo de "vístete de beige y mantén la boca cerrada" resulta ser una estrategia mucho más eficaz que el entrometerse. Este es un resumen de lo que yo creo acerca de cómo tener una relación exitosa con tu nueva familia política (o con quienes pronto lo serán):

• No critiques a tus suegros, ni a tu nuera o yerno.
• No critiques la crianza que le dieron tus suegros a tu nuera o yerno.
• No critiques el trato que le dan tus suegros a tu hijo o hija.
• No critiques nada de tus suegros, ni de tu nuera o yerno.

Para ser franco, no tienen por qué gustarte. No tienes por qué estar de acuerdo con ellos. Tu tarea es honrar a tu hijo honrando a tu nuera y a su familia, porque tu hijo fue quien la eligió, y no tú. O, tu tarea es honrar a tu hija honrando a tu yerno y a su familia, porque tu hija fue quien lo eligió, y no tú.

Susan y Mateo me confiaron que su nueva nuera no era el tipo de persona con la que esperaban que su hijo se casara. Era impetuosa, mandona, obstinada y un poco narcisista. También sentían que estaba manteniendo a su hijo alejado de la familia. Mientras que Mateo quería confrontar a la pareja, Susan estaba nerviosa temiendo que una confrontación alejaría a su nueva nuera (y a su hijo). Ellos me preguntaron qué pensaba. La verdad, aunque sí creo que las confrontaciones amables pueden funcionar, no estaba seguro de que esa fuera la mejor estrategia en este caso.

"Parece que a ella le falta un poco más de pulido", les dije. "Yo la colmaría de amor y amabilidad, y oraría por una transformación. No da la sensación de que tenga una vendetta contra ustedes, sino que al parecer esta es su personalidad con todo el mundo. ¿Qué pasaría si ustedes asumieran el trabajo de rechazar cualquier idea o pensamiento negativo que les surja hacia ella o hacia su hijo? Sean en sus vidas las personas que apoyan su matrimonio. Sean los suegros seguros hacia quienes se sientan atraídos, en lugar de los que causan tensión. Bajen sus expectativas por un tiempo y apóyenlos en todo cuanto puedan".

Susan también me compartió que estaba sufriendo por la pérdida de cercanía con su hijo. Antes de su casamiento, este hijo y su madre habían tenido una relación muy cercana. Ahora, no tanto. "Tu acceso a tu hijo y a tus futuros nietos es a través de tu nuera", le dije. "Así que regresemos a la idea de apoyarla en cualquier manera que puedas. Sin ser entrometida, ofrécete para a cuidar a los niños cada vez que ella necesite un descanso, si esto encaja en tu horario. Haz el esfuerzo de llevarle un pequeño regalo de vez en cuando, o escríbele una tarjeta con un mensaje cariñoso. Lo harías por una amiga, así que, ¿por qué no hacerlo por tu nuera, que puede llegar a ser tu amiga? Cuando la honras a ella, estás honrando a tu hijo. Sé la persona con quien ellos quieran pasar tiempo porque saben que inviertes en sus vidas. Luego siéntate a esperar y observa cómo cambia la relación".

Sé que el consejo que le di a Susan puede sonar como una solución simplista, porque la vida y las relaciones pueden ser complicadas. Aun las personas buenas y bienintencionadas pueden equivocarse cuando los sentimientos heridos sacan lo peor de ellas. Pero para todos aquellos que se encuentran en la situación de Susan, la decisión de apoyar el matrimonio de sus hijos adultos puede ayudar a evitar que la situación se complique de manera innecesaria. Simplemente mantente alejado de cualquier disputa con el cónyuge de tu hijo o hija. Y recuerda que no debes tomarlo como algo personal.

¿Y QUÉ SI NO TE CAEN BIEN?

A veces los padres me dicen que simplemente no les gusta la persona con la que su hijo o hija están saliendo, o con la que han contraído matrimonio. Si este es tu caso, lo entiendo. Pero a menos que la situación sea abusiva o destructiva, es mejor enfocarte en aprender a quererlos, que enfocarte en lo que no te agrada de ellos.

Una madre que conozco logró cambiar la relación con su nuera mediante pequeños obsequios. Su nuera tenía un caparazón difícil de penetrar. No tenía mucho filtro, así que muchas veces le decía palabras hirientes a su suegra. También hablaba de manera negativa sobre su hijo. Un día, cuando esta madre se encontraba en Starbucks, de repente recordó que a su nuera le encantaba Starbucks, pero en ese momento la joven pareja tenía un presupuesto bastante ajustado. Así que ella le compró a su nuera una tarjeta de regalo de diez dólares. Junto al Starbucks había una tienda de golosinas que vendía frutillas bañadas en chocolate, y compró dos. De camino a casa, pasó por el departamento de su hijo y su nuera con la tarjeta de regalo, las frutillas y una pequeña nota cariñosa. ¡A su nuera le encantó el gesto! A partir de ese momento, se convirtió en un ritual semanal. Eventualmente, su nuera se acercó a ella y le pidió reunirse para tomar un café juntas. ¡Un año más tarde, ya eran mejores amigas! Por supuesto, este maravilloso final no siempre es el caso, pero el punto es claro: esfuérzate por brindarle amor a tu nuera o a tu yerno, incluso si al principio no te gustan.

Carla y David me llevaron a un costado en uno de nuestros seminarios sobre las relaciones con los hijos adultos.

> *Esfuérzate por brindarle amor a tu nuera o a tu yerno, incluso si al principio no te gustan.*

Ellos me contaron que el esposo de su hija les había resultado desagradable desde el momento en que lo conocieron, y que le habían hecho comentarios sutiles (y algunos no tan sutiles) a su hija antes de que se casara con él. Su hija siguió adelante con la relación y se casó, y ahora ellos eran los orgullosos abuelos de tres niños pequeños... y aún no estaban demasiado entusiasmados con su yerno. Pero su historia era buena. Ellos habían decidido no quejarse de su yerno frente a su hija. Incluso cuando ella hacía comentarios negativos (¡con los cuales estaban de acuerdo!), se quedaban callados. Simplemente escuchaban. Su filosofía era: "Él es tu esposo y nosotros nos mantendremos al margen". Cuando aparecieron los nietos en escena, su yerno sistemáticamente les limitó el acceso a sus nietos, y el dolor se profundizó. Cuando Carla y David pedían pasar a saludarlos, él decía: "Hoy no, estamos muy ocupados". Con el corazón lastimado, ellos continuaron esperando tener mayor acceso. Se ofrecieron a cuidar a sus nietos mientras el matrimonio salía. Compraron regalos. No desaprovecharon ninguna ocasión para celebrar juntos. Poco a poco, les fueron dando más acceso. Realmente necesitaban que alguien cuide a sus hijos de vez en cuando, así que estos abuelos consiguieron su tiempo con ellos. Carla y David fueron lo suficientemente inteligentes como para esperar y mantener la boca cerrada, y eventualmente las cosas cambiaron.

Cuando les pregunté cómo habían logrado ese cambio, respondieron: "Decidimos convertirnos en los abuelos divertidos y en los suegros divertidos. Esto resultó en que nuestros nietos comenzaran a pedir que querían pasar tiempo con nosotros. Intentamos hacer que el crear diversión familiar fuera una parte vital de nuestra cultura familiar". Cuando les pregunté si les gustaba más su yerno ahora, dijeron: "Cuando bajamos nuestras expectativas y lo aceptamos tal como es, las cosas mejoraron. Queremos hacer todo lo posible para ayudarlos a triunfar como familia".

Si bien a algunas personas puede parecerles extraña, la idea de vestirte de color beige y mantener la boca cerrada es realmente un consejo muy sabio, y es además la forma más eficaz de tratar con yernos, nueras y suegros. Si no lo haces, las consecuencias pueden ser mucho más dolorosas que el esfuerzo que necesitas para aguantarte y actuar con moderación. Eso es lo que sucedió con María, quien expresó abiertamente su disgusto por la elección de su hija Brenda respecto de con quién se casaría.

Desde el principio, la relación de María con su yerno fue tensa y, como resultado, la relación con su hija se complicó. Antes de que Brenda se casara, María vio lo que ella consideraba 'señales de alerta' en la relación, y no tuvo reparos en decirles a todos los que conocía lo que pensaba acerca de él. Brenda se casó con él de todos modos. Tuvieron un bebé. El matrimonio no funcionó bien. Luego de que finalmente se separara de su esposo, María no dejó pasar un día sin decirle a su hija lo que pensaba acerca de su pésimo e inútil esposo. Por mucho que ella intentara distanciarse de la negatividad de su madre, seguía siendo una parte habitual de su vida. Un día, Brenda le dijo a su mamá que, debido al bebé, ella y su esposo intentarían reconciliarse. Esa misma semana, en medio de una pelea que tuvieron, Brenda le dijo a su esposo lo que su madre pensaba de él. Más tarde, el esposo de Brenda llamó a María y le dijo que ya no era bienvenida en su casa. Él le cortó el acceso a su hija y a su nieto. Fue solo al mirar las cosas en retrospectiva que María pudo entender que no debería haber descargado su ira y sus preocupaciones sobre su hija. Le había costado la relación.

CINCO CONSEJOS SOBRE LAS RELACIONES

A medida que avances en la lectura de los cinco consejos que voy a compartirte a continuación, te pido que tengas presente en todo momento el principio central de este capítulo: "vístete de beige y mantén la boca cerrada". En él se resume perfectamente la fórmula más eficaz para mejorar tu relación con tu yerno, tu nuera o tus suegros. Una mujer me dijo: "¡Me sorprende que mi lengua no tenga cicatrices por la gran cantidad de veces que he tenido que mordérmela!". Cuando mantienes el foco en el objetivo de tener una relación buena y amorosa con tu familia política, la mayoría de las otras cosas pierden importancia. En mi caso, antes de reaccionar o incluso de hablar con un yerno o con alguien de mi familia política, me gusta hacerme esta pregunta: "¿Lo que voy a hacer o decir, mejorará la relación?".

Haz que lo más importante no seas tú; que sea la salud de la relación. Los siguientes consejos te ayudarán.

1. No hagas que tu hijo o hija tenga que elegir entre ti y su nueva familia. Uno de los muchos errores que cometió María al expresar su desaprobación fue obligar a su hija a elegir entre ella y su marido. Eso no debería haber sucedido. Cierta vez una jovencita me dijo: "Con frecuencia, mi mamá era una cuña entre mi esposo y yo, así que la única solución posible fue distanciarme de mi mamá". Tal vez no te guste el cónyuge de tu hijo o hija, pero aun así puedes mostrarle amor, por el bien de todos.

> *Cuando mantienes el foco en el objetivo de tener una relación buena y amorosa con tu familia política, la mayoría de las otras cosas pierden importancia.*

2. No te quejes. Las quejas y las críticas pueden obligar a tus hijos a elegir entre ellos mismos y tú, e invariablemente serás tú quien sea aislado de la relación. De la misma manera, las constantes quejas o críticas hacia tu yerno o nuera también ponen en peligro tu relación. Ten cuidado con tus comentarios. Las situaciones tenderán a resolverse si no las empeoras con tus quejas.

3. No vuelvas a tropezarte con viejos problemas familiares. Pon el pasado donde debe estar: en el pasado. Repara la relación si necesita ser reparada. Muchas familias todavía están en guerra por una ofensa que ocurrió hace años. Sé el primero en cambiar los patrones familiares negativos. Cuando tú tomes la iniciativa, probablemente tus hijos u otros miembros de la familia te seguirán, e incluso si no lo hacen, todos estarán mejor. Una disculpa sincera, incluso si es rechazada, es la forma correcta y madura de manejar la situación cuando debas pedir perdón. Y si tú fuiste la parte ofendida, pasa pronto por alto cualquier ofensa menor. Piensa, ¿realmente importa? La mayoría de las veces no.

4. *Ofrece apoyo*. Tú honras a tu hijo (o hija) y a tu nuera (o yerno) cuando los animas y los apoyas en lo que hacen. Procura estar ahí para ellos cuando te necesiten. Si vives cerca y tus nietos necesitan una niñera, sé la primera en ofrecerte. Y si el matrimonio de tu hijo adulto está atravesando dificultades, o incluso si fracasa, bríndales apoyo también.

Cuando la hija de 35 años de edad de Janet y Marcos atravesó un complicado divorcio, ellos la recibieron en su hogar junto con sus tres nietos. Realmente no había suficiente espacio para todos en la casa, y a veces resultaba un poco caótico, pero el apoyo que les brindaron a su hija y a sus nietos fue un regalo de amor que los ayudó a sanarse de un divorcio doloroso y permitió que su hija volviera a ponerse de pie. El apoyo de Janet y Marcos fue estratégico: ellos eligieron cambiar su propia comodidad a corto plazo por un legado a largo plazo. Permanecieron cerca de los nietos. No hablaron mal del exmarido de su hija. Y mientras tomaban el camino correcto del apoyo amoroso, recurrieron a amigos seguros, y no a su hija, para que los ayudaran a lidiar con su propio dolor y pérdida.

5. Negocia las fechas especiales de manera que todos ganen.
Cuando estábamos recién casados, Cathy y yo siempre teníamos problemas para decidir dónde pasar las fechas especiales. Queríamos celebrar con nuestras familias, pero no
vivían cerca. Luego, cuando tuvimos hijas, también queríamos empezar a crear nuestras propias tradiciones para las
fiestas. Hubo momentos en nuestra vida en los que tuvimos
que hacer tantos malabarismos para organizar con quién
pasar las fiestas, que estas se convirtieron más en una car-
ga que en algo alegre. Por eso decidimos que cuando ellas
fueran grandes y se casaran, nunca las presionaríamos para
que participaran en nuestras celebraciones, y trataríamos
de hacer que las fechas especiales fueran para ellas algo
más sencillo y disfrutable.

El primer año después del casamiento de nuestra hija mayor, ella nos hizo saber que celebraría el Día de Acción de
Gracias con sus suegros. Francamente, aunque habíamos
decidido no permitir que las fiestas fueran algo estresante,
esto fue un poco difícil de digerir para nosotros. Entonces
tuve una idea. "¿Qué tal si celebras el Día de Acción de Gracias con nuestra familia el domingo anterior?", pregunté.
"De esa manera puedes conectarte con ambas familias". Ella
saltó de alegría ante la oportunidad de tener una reunión
familiar con nosotros y otra con sus suegros en diferentes
días. Disfrutamos de un hermoso tiempo juntos ese domingo, y luego, el Día de Acción de Gracias, nosotros nos fuimos a Palm Springs a pasar unos días con una de nuestras
otras hijas. Como ves, ¡todos ganamos!

Para algunas familias que no viven cerca puede que no resulte tan simple, pero con una actitud positiva e intentando

quitarles la presión a los hijos, lo más probable es que tengan una mejor oportunidad de celebrar

> **¡Intenta ser la clase de suegro o suegra que facilita las cosas!**

juntos en los días cercanos a las fiestas. ¡Intenten ser la clase de suegros que facilitan las cosas!

> *La vida ya es lo suficientemente complicada para las parejas jóvenes, más aún si tienen hijos, como para que nuestra actitud como padres añada más estrés a la misma. Los principios mencionados por Jim son oro puro que Sara y yo hemos seguido (sin tenerlos tan claramente enunciados) en nuestra relación con nuestros hijos y las personas con las que han decidido unir sus vidas. Seamos de bendición para ellos, recordemos que el amor cubrirá multitud de pecados, hagamos el bien siempre que esté a nuestro alcance y, como nos enseña la Escritura, nunca, nunca paguemos mal con mal.*

LAS FAMILIAS ENSAMBLADAS

Con una tasa de divorcio cercana al 50% en casi todo el mundo, las familias ensambladas se están convirtiendo cada vez más en la norma. Ante esta situación, una de tus tareas será encontrar tu lugar dentro de la complejidad propia de una familia ensamblada. Puede que la realidad no sea perfecta, pero tu deber es hacer lo mejor que puedas para mantener la armonía en tu nueva familia ensamblada, en la que tal vez tengas que tratar con el exmarido de tu hija, con su nuevo marido, con los hijos de este, con una nueva familia política y con tradiciones familiares completamente nuevas.

No hace falta aclarar que es una tarea difícil. Primero, una pareja se divorcia, o tal vez ocurre la muerte de un cónyuge. Después del divorcio o de la muerte viene un tiempo de duelo y soledad. Luego llega una nueva persona y se enamoran. Simultáneamente, siguen existiendo relaciones del matrimonio anterior (excónyuge si está vivo, exsuegros, hijos del primer matrimonio...). Enamorarse es fácil, pero mezclar todas esas relaciones complejas es difícil. No esperes sentir una compatibilidad inmediata con todos.

Uno de los roles que pueden tocarte en todo este asunto de las familias ensambladas es el de tener de repente "nuevos nietos". Es lo que sucedería si tu hija se casa con un hombre que ya tenía hijos, o si tu hijo se casa con una mujer que ya tenía hijos. Esto puede ser difícil porque de un día para el otro tienes unos nuevos nietos a los cuales no viste nacer ni crecer, pero que igualmente son ahora parte de tu familia y se merecen tu amor.

En el capítulo que sigue hablaremos de los nietos en general, y puedes aprovechar esos consejos también para este caso, pero estos son algunos consejos para aplicar de manera especial en tu relación con tus "nuevos nietos":

• Busca ganarte su aprecio brindándoles cariño y apoyo. Esfuérzate por maximizar tu factor de simpatía. Sé una persona cálida y positiva.

• Ten en cuenta que siempre hay cuestiones de lealtad luego de un divorcio y en las familias ensambladas, así que mantente al margen de controversias con otros miembros de la familia.

• Desarrolla una buena relación con tu nueva nuera o tu nuevo yerno. Esa es la clave para acceder a tus nuevos nietos.

• Estate presente en sus vidas siempre que puedas. Si vives cerca, ve a alentarlos cuando practiquen un deporte o en sus recitales de baile. Sé el abuelo que les compra hamburguesas o les lleva flores.

• Acepta a tus nuevos nietos como totalmente tuyos. Cuanto más pronto sientan tu amor y aceptación, mejor será para la relación.

• Sé generoso y sorpréndelos con regalos divertidos. No hace falta que sean cosas caras. Los niños aprecian los regalos pensados con amor, independientemente de su costo.

• Establece límites, pero respeta siempre las indicaciones de su padre o madre biológicos, y permite que sean ellos quienes disciplinen a los niños. Ese no es tu trabajo.

• No esperes que te llamen 'abuela' o 'abuelo'. Si lo hacen, genial; pero si no lo hacen, ¿importa realmente? La verdad es que no. Con el tiempo, pueden pensar juntos en un nombre o apodo único para ti.

• Sé sensible y compasivo. Ten presente que para ellos todo esto también es completamente nuevo, y a veces necesitan tiempo para descubrir cuál es su papel en la nueva familia ensamblada. Seguramente tengan inseguridades, sentimientos encontrados, y tal vez también algunas heridas sin sanar.

Me encanta la historia del pastor itinerante que en cierta ocasión asistió al desayuno de hombres que organizaba una iglesia en medio de una zona rural. El grupo le había pedido a un granjero mayor, vestido con un overol gastado, que diera las gracias por el desayuno. "Señor, odio la leche cortada", comenzó el granjero. El pastor abrió un ojo para mirar al granjero, mientras se preguntaba a dónde llegaría con esto. Él continuó proclamando en voz alta: "Señor, odio la grasa". El pastor estaba cada vez más preocupado. Sin perder el ritmo, el granjero continuó: "Y Señor, tú sabes que no me gusta la harina blanca cruda". El pastor una vez más abrió un ojo. Esta vez echó un vistazo a su alrededor y comprobó que no era el único que comenzaba a sentirse incómodo. Finalmente, agregó: "Pero Señor, cuando alguien mezcla todo eso y lo hornea, ¡sí me encantan los bizcochos calientes! Entonces, Señor, cuando surgen cosas que no nos gustan, cuando la vida se pone difícil, cuando simplemente no entendemos lo que nos estás diciendo, ayúdanos a relajarnos y a esperar hasta que tú termines de mezclar. Probablemente resultará algo incluso mejor que los bizcochos. Amén".

Esta oración tan original encierra una gran dosis de sabiduría en lo que respecta a los hijos ya grandes y a nuestras situaciones familiares, a menudo complicadas. Adaptando algunas palabras de la maravillosa película de Disney, *Lilo y Stitch*, podríamos decir: "Esta es mi familia. Es pequeña y está un poco rota, pero sigue siendo buena. Sí... sigue siendo buena".

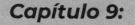

Capítulo 9:

¡Los nietos son una fiesta!

Principio 9:

Ser abuelo puede ser tu mayor legado.

> *"Mis nietos piensan que soy la persona más anciana del mundo, y después de cuidarlos durante un fin de semana mientras sus padres estaban fuera, ¡creo que tienen razón!".*

Seguro te hubiera gustado mi abuela Nene. Era una mujer excepcional, que usaba zapatos originales y vestidos largos, y que dejó que su cabello se tornara gris prematuramente. Nunca lo tiñó. ¡Era un personaje! Trabajó la mayor parte de su vida adulta en los astilleros de Long Beach, en California, y aunque solo la vi enfadarse unas pocas veces, podía insultar como un marinero. Conozco a muchas personas en profesiones navales que no insultan, pero mi Nene no era una de ellas. No era una mujer imponente o llamativa. Medía aproximadamente un metro cuarenta de alto, y tal vez lo mismo de ancho, pero eso no importaba en absoluto. Mi Nene lo era todo para mí.

Venía a nuestra casa todos los sábados para ayudar a mi mamá con las tareas del hogar y para planchar todo (¡incluso la ropa interior!). Y creaba, tanto en su hogar como en el nuestro, la atmósfera más positiva que yo jamás haya experimentado. Nos alentaba y nos amaba sin condiciones. Repartía billetes de un dólar, dulces y mucho amor. Mis amigos la adoraban, y cuando nos fuimos haciendo más grandes, todos íbamos a la casa de Nene, que quedaba cerca de la playa, durante gran parte del verano. Nos divertíamos más y nos reíamos más con ella que en cualquier otro lugar. También nos hacía trabajar, pero no nos importaba porque cuando estabas en presencia de Nene, siempre era una fiesta. Ella podía crear una fiesta de cualquier cosa.

Mi mamá se parecía mucho a su madre. Como ya mencioné, para mis hijas mi mamá era sinónimo de fiesta. Tenía un cajón lleno de regalitos baratos que guardaba para las niñas. Ellas los llamaban "tesoros" (y yo los llamaba "basura"). Mamá sabía cómo hacer que las personas se sintieran bienvenidas y amadas; ella era la abuela favorita de todos. No creo que yo sea capaz de igualar a estas dos abuelas increíbles, pero no pasa un día sin que piense en cómo esforzarme por ser, desde mi rol de abuelo, un sinónimo de fiesta para mis nietos. Si tú y yo estuviéramos tomando un café juntos, seguramente ya te habría mostrado varias fotos de mis nietos, y tal vez un video o dos de mi divertido nieto de 2 años, James, dándole a una pelota de golf. Mi nuevo video favorito es uno de James sentado en la bacinica (o pelela) y ordenándome que salga del baño al grito de: "¡Déjame hacer mis asuntos!". Prometo que no mostraré más este video cuando él crezca y se sienta mortificado, pero siempre disfrutaré estos pequeños momentos que le agregan humor y alegría a mi vida como abuelo.

Posiblemente no haya un llamado más grande en el mundo que el llamado a dejar un legado de amor para tus nietos. Lo bueno de ser abuelo es que eres libre de las preocupaciones que tiene un padre por los detalles de la crianza diaria, y puedes concentrarte en las cuestiones verdaderamente importantes. La Biblia dice: *"Los nietos son la corona del anciano"* (Proverbios 17:6). Aunque, como en mi caso, tal vez tú aún no te sientas anciano, la imagen de una corona transmite realeza y privilegio. Yo veo mi llamado a ser abuelo como un llamado elevado de Dios, un llamado sagrado.

> *Sara y yo tenemos cuatro nietos y no puedo dejar de sonreír pensando en ellos al escribir estas líneas. Son muy especiales para nosotros, especialmente para Sara, que debido a dos cánceres que ha padecido nunca pensó que disfrutaría esta bendición. Disfrutamos de la vida con ellos y nos sentimos agradecidos por los vínculos que desarrollamos con cada uno de ellos y por la responsabilidad que sentimos de pasar y encarnar para ellos los valores del evangelio de Jesús.*

Si pasaste tiempos difíciles con tus hijos, entonces ser abuelo puede darte un nuevo comienzo y un nuevo propósito. Los discípulos de Jesús una vez le preguntaron: *"¿Quién es el más importante en el reino de los cielos?"* (Mateo 18:1, NVI). Su respuesta ciertamente los sorprendió. En lugar de señalar a un famoso rabino judío o a un poderoso líder romano, Él señaló a un niño. Los autores Tim y Darcy Kimmel escriben: "Cuando nace un niño, es lo más cerca que jamás estará de la imagen de Dios" [25]. Jesús también dijo: *"No impidan que los niños vengan a mí, porque de ellos es el reino de los cielos"* (Mateo 19:14). Como abuelo o abuela, tú tienes el privilegio de hacer avanzar el reino de Dios por medio del legado que dejas en tus nietos. ¡Ese es un llamado increíble en verdad!

Como ya mencioné anteriormente, he trabajado con varios grupos de enfoque y he hablado con miles de padres sobre cómo manejar las relaciones con los hijos cuando ya son grandes. A veces, cuando converso con estos padres, el ambiente se vuelve tenso o emotivo debido a situaciones difíciles, pero cada vez que menciono a los nietos —ya sea en una conversación informal, en un grupo de enfoque o desde el escenario— el clima cambia inmediatamente a uno de gran alegría. Sin embargo, hay algunos abuelos y abuelas que deciden perderse una de las mayores bendiciones de Dios. Nunca entenderé cómo un abuelo puede decir cosas como: "No tengo tiempo para cuidar a mis nietos o asistir a sus eventos. Trabajé duro y ahora quiero disfrutar de mi libertad". Incluso cuando los abuelos son mayores, o cuando han dejado de trabajar, no tienen por qué necesariamente poner sus vidas en piloto automático y dedicarse a estar todo el día sentados en la mecedora viendo repeticiones de viejos torneos de golf en la televisión, cuando tienen nietos sobre los cuales influir y a quienes amar. ¡No te pierdas la alegría que traen los nietos!

> **Como abuelo o abuela, tienes el privilegio de hacer avanzar el reino de Dios por medio del legado que dejas en tus nietos.**

Mis amigos Reggie Joiner y Kristen Ivy del *Orange Rethink Group* crearon un movimiento increíble llamado: "Es solo una etapa... No te la pierdas". La premisa es que desde el momento en que nace un niño hasta el momento en que comienza la edad adulta a los 18 años, tú tienes 936 semanas con él. Eso es todo. Debes hacer que cada día, cada semana, cada mes y cada año cuenten.

Con los nietos, como antes con los hijos, la intencionalidad y la proactividad es importante. Nosotros tomamos la iniciativa en pasar tiempo y hacer cosas especiales con ellos. Hemos establecido rituales que para ellos son significativos y esperan con anticipación.

Yo tengo en mi teléfono celular una aplicación llamada *Parent Cue*[26] que cuenta las semanas y me ayuda a comprender algunas de las fases de desarrollo que van atravesando mis nietos en cada etapa de su caminar hacia la edad adulta. Y quiero compartirte un pensamiento asombroso: siendo que las personas hoy en día viven más que cualquier generación anterior, es posible que puedas pasar más de dos décadas de tu vida ayudando a tus nietos a despegar hacia una vida adulta responsable. Durante esas dos décadas, tú puedes ayudarlos a experimentar un nivel de amor, seguridad y estabilidad que pocas personas en sus vidas podrán brindarles. Y puedes ofrecerles una maravillosa representación de las generaciones de tu familia. Los expertos en crianza Tim y Darcy Kimmel lo expresan de esta manera: "Somos el vínculo con el pasado, el ancla al presente y el puente hacia el futuro".[27]

CAMINANDO SOBRE TUS PISADAS

Cuando yo era pequeño, mi mamá y mi papá solían llevarme a la playa. Me encantaba jugar en la arena y nadar con mi papá. Uno de los juegos que yo jugaba sin decirle nada a mi papá era caminar dentro de sus huellas en la arena. Reflexionando sobre ese recuerdo, lo veo como una metáfora de lo que brindamos como padres y como abuelos. Hay un proverbio bíblico que dice: *"El hombre bueno deja herencia a sus nietos"* (Proverbios 13:22). Sí, eso aplica a las finanzas, pero quizás aún más: aplica al legado espiritual que dejamos y que durará mucho después de que estemos en nuestro hogar celestial. Nuestras huellas deben marcar un camino claro que nuestros nietos puedan seguir. Nuestro legado tiene un valor eterno.

Otra verdad bíblica que guardo en mi corazón es el Salmo 71:17–18. Así es como lo parafraseo yo: "Has hecho tanto por mí, oh Dios, que incluso cuando sea viejo y canoso continuaré declarando tu poder y amor a las próximas generaciones". La Biblia es clara en que cada uno de nosotros deja un legado y un impacto que perdura de generación en generación. No es necesario que les dejes a tus nietos una gran cantidad de dinero como herencia; tu guía y tu liderazgo espiritual son de un valor mucho mayor.

Hace poco estaba hablando con una mujer después de dar un discurso en una conferencia acerca de la familia. Le pregunté quién había tenido una influencia significativa en su desarrollo espiritual cuando era niña. Sin dudarlo ni un momento, ella dijo: "Mi abuela. Ella era la que oraba por mí todos los días. Ella me recogía para ir a la iglesia todos los domingos por la mañana y luego me llevaba a almorzar. A mis padres no les gustaba mucho ir a la iglesia, pero eso no impidió que mi abuela siempre lo convirtiera en una prioridad. Hoy estoy criando a mis hijos mucho más con el estilo de fe de mi abuela que con el de mis padres. Mis hijos no llegaron a conocerla, pero espero que a través de mí estén experimentando su amor y fidelidad". Esta historia sobre la fe de una abuela que ahora influye en los bisnietos que ni siquiera conoció me inspiró profundamente. Mi oración frecuente y silenciosa es que pueda terminar mi vida con fuerzas y siendo fiel a mi llamado como abuelo. *"Pues el Señor es bueno. Su amor inagotable permanece para siempre, y su fidelidad continúa de generación en generación"* (Salmo 100:5).

> *Desde el día que supimos que nuestros hijos estaban esperando a los que hoy son nuestros nietos, comenzamos a orar por ellos, aun en el vientre de sus madres, y lo continuamos haciendo cada día. En la mañana, cuando tengo mi tiempo personal con el Señor, oro sobre ellos la oración sacerdotal y parafraseándola le pido a Dios: "Señor protégelos y guárdalos, haz resplandecer tu rostro sobre ellos, míralos con ternura y dales tu Shalom".*

IDEAS PRÁCTICAS PARA INFLUIR SOBRE TUS NIETOS

¡Hay tantas formas prácticas en las que puedes influir sobre tus nietos! Aquí te comparto varias ideas para comenzar:

Sé un abuelo presente. Sé divertido. Sé generoso. Tu presencia importa. Yo lo llamo "el poder de estar ahí". Incluso si tus nietos están dispersos por todo el país, tú puedes ser su influencia positiva digital. Mantente en contacto con ellos regularmente. Conozco a un abuelo que le envía un chiste a su nieto de 10 años cada día. Sé un abuelo generoso, que da regalos bien elegidos y actos generosos de bondad también. Si vives cerca, no te pierdas muchos partidos o recitales. Sé su cuidador principal cuando sean pequeños. Tu presencia divertida y generosa es importante. Ningún nieto le dice que no a la diversión.

Cuando nuestra hija Christy nos dijo que estaba embarazada de nuestro primer nieto, mi esposa Cathy tuvo que tomar una decisión: retirarse de su trabajo como maestra de niños con necesidades especiales o seguir enseñando unos años más. Un día, hablando con una amiga mientras tomaban un café, mi esposa mencionó que iba a ser abuela por primera vez. Esta amiga compartió su alegría y le habló también sobre lo difícil que era para ella tener nietos que no vivían cerca. De repente, su amiga exclamó: "¡Cathy, tú vas a tener el privilegio de ser una abuela totalmente comprometida!". Sé que no todos tienen esta opción, pero ella lo pensó y decidió retirarse de su trabajo para poder cuidar de nuestro nieto mientras su mamá sale a trabajar como maestra. La relación que ellos tienen ahora es algo maravilloso de ver, con sus viajes semanales a la biblioteca, clases de música y todas las tradiciones especiales que Cathy y nuestro nieto están creando juntos.

Construye tradiciones y recuerdos para toda la vida. Siempre me gusta recopilar ideas de tradiciones que crean buenos recuerdos, a medida que hablo con abuelos y abuelas que están haciendo un buen trabajo en este sentido con sus familias. Te comparto un par de mis favoritas:

• *Haz que los domingos sean un tiempo para la familia.* Compartan una comida. Reúnanse en un parque o playa cercanos y diviértanse juntos. La familia Schroder, en Oregon, abre su casa para familiares y amigos los domingos por la noche. La gente lleva comida, los niños juegan juntos, los adultos comparten historias o ven un partido. Su reunión semanal es simple pero sagrada.

• *Váyanse de vacaciones juntos.* En nuestra familia hacemos un viaje juntos cada año. Podría ser algo tan simple como ir de campamento el fin de semana, o podría ser alquilar una casa de vacaciones en las montañas, o ahorrar para un viaje a un lugar especial donde podamos jugar, descansar y pasar tiempo juntos. En vacaciones como estas, dejen el drama en casa y simplemente disfruten de la compañía mutua. Cathy y yo compartimos con la familia nuestras expectativas sobre el tiempo que pasaremos juntos antes de salir, y siempre nos ofrecemos a cuidar a los nietos mientras sus padres disfrutan de un merecido tiempo los dos a solas.

• *Organiza un campamento de primos.* Una familia que conocemos invita cada año a todos sus nietos a su casa para una pijamada de fin de semana. Los abuelos planean un tiempo lleno de diversión, juegos, experiencias inolvidables y comida deliciosa. Aunque algunos de sus nietos ya están creciendo, nadie quiere perderse el campamento de primos.

• *Planea un viaje especial con los abuelos.* Nuestros amigos Randy y Susan Bramel, a quienes está dedicado este libro, le brindan una experiencia extraordinaria a cada uno de sus nietos a la edad de 13 años. Cada nieto emprende un viaje especial solo con la abuela y el abuelo. Lo planean juntos, y es una experiencia única en la vida, tanto para el nieto como para los abuelos. Ellos han estado en Cooperstown y en el Salón de la Fama del Béisbol, han buceado con tortugas en el Caribe, han recorrido los campos de batalla de la Guerra Civil y han montado a caballo en un rancho. El destino es solo parte del viaje; lo más especial son los recuerdos para toda la vida que crean juntos.

• ***Prepara tu hogar a prueba de nietos.*** Asegúrate de que haya en tu casa lugares especiales reservados solo para los nietos. Para mi mamá, ese lugar era uno de los cajones inferiores en su cómoda, que estaba lleno de ropa para disfrazarse, joyas de mentira y otras cosas divertidas con las que a mis hijas les encantaba jugar. Cathy vació un armario en nuestro hogar que es ahora el armario de juguetes de los nietos. Un grupo de abuelos que conocemos pensó que los nietos mayores se estaban aburriendo un poco cuando venían a visitarlos, así que invirtieron en una mesa de ping-pong y una consola de videojuegos. ¿Qué recuerdos, tradiciones y espacios especiales podrías crear para tus nietos?

Ofrece gracia... constantemente. Tu trabajo como abuelo es elogiar y apoyar, no dar consejos. Un abuelo que conozco me dijo que cuando su nieta era adolescente, de vez en cuando tomaba malas decisiones. "Mi lugar en su vida era ofrecerle gracia", dijo. "Cuando mis hijos eran más pequeños, yo era mucho más duro con ellos. Ahora puedo darles a mis nietos la oportunidad

> **Tu trabajo como abuelo es elogiar y apoyar, no dar consejos.**

de cometer errores y no me importa tanto. Brindarles gracia es más poderoso que cualquier corrección que pueda darles".

Celebra todo. Sé la clase de abuelo que no deja pasar nunca una oportunidad para celebrar. Los cumpleaños, las graduaciones y cualquier tipo de hito en la vida de tus nietos son oportunidades para celebrar. No seas la clase de abuelo que regala calcetines y ropa interior. Elige regalos divertidos y haz que las celebraciones sean un gran acontecimiento. Al celebrar y reconocer los ritos de paso en la vida de sus nietos, estarás tejiendo hermosos recuerdos en su corazón y en el tuyo, recuerdos de que eras un abuelo presente y que siempre los animaba.

Reconoce tu rol como mentor. Un mentor es un asesor experimentado y de confianza. Tú tienes experiencias y sabiduría que tus nietos quizás no puedan obtener de nadie más. La tutoría no siempre se da en una relación formal; también puede darse en momentos espontáneos de impacto que solo pueden ocurrir cuando estás presente en sus vidas. Incluso si sientes que no lo hiciste tan bien con tus hijos, puedes tener un nuevo comienzo con tus nietos. Como su mentor, tú puedes ser ese lugar seguro en el que ellos pueden simplemente ser ellos mismos. Tu influencia positiva puede ser su esperanza en tiempos de confusión. Si su mundo se está desmoronando, tú puedes ser esa persona a la que ellos saben que pueden acudir en busca de sabiduría y consuelo.

Sigue apoyando a tus hijos ya grandes, ahora en su papel de padres. Asiste a tus hijos en su rol de padres, y no busques imponerte. Es importante que recuerdes que tu trabajo como padre y abuelo no es entrometerte, sino estar cerca de tus hijos para acompañarlos y ayudarlos. Esto significa que no

> **Tu relación con tus hijos es la puerta de entrada más importante hacia tus nietos.**

debes darles consejos a menos que te los pidan. Tendrás que hacer las cosas a su manera y dejar de pensar que deberían hacerse a tu manera, incluso si tienes razón. Tu amor por tus nietos es un tipo diferente de amor que no está tan agobiado por las responsabilidades que tienen los padres[28]. Pero tu relación con tus hijos es la puerta de entrada más importante hacia tus nietos. Ellos son los guardianes de esa puerta, y tú debes honrar esa relación.

> *"¿Cómo los podemos ayudar con los nietos?".*
> *Este es uno de los mantras que una y otra vez (siempre en contexto, ¡claro!), les repetimos a nuestros hijos. El mensaje es que estamos disponibles para ayudar.*

LO QUE HAY EN UN NOMBRE

Hay recuerdos que uno nunca olvida. Mi hija Christy estaba embarazada de nuestro primer nieto. Ella ya nos había revelado el sexo del bebé meses antes, mientras Cathy y yo estábamos de vacaciones en Hawái. Christy había preparado una caja de artículos para bebé varón para mostrarnos en una videollamada, como una forma creativa y visual de decirnos el sexo del bebé. Cuando colgamos el teléfono, caminamos hasta una tienda cercana y compramos una camiseta para bebé varón, una pelota de fútbol y un libro para niños que pensamos que podría gustarle especialmente a un varón.

El siguiente momento de revelación ocurrió unos meses después cuando nuestra familia estaba en un restaurante desayunando juntos antes de ir a la iglesia. Christy nos dijo que tenía un anuncio. Sacó un libro para niños, me lo entregó y me pidió que lo abriera. Había una inscripción en la primera página que decía: "Este libro es propiedad del bebé James". Me llevó un momento darme cuenta. ¡Este pequeño niño llevaría *mi* nombre! En nuestra familia, yo soy el que llora fácilmente, así que durante varios incómodos segundos no pude articular ni una palabra. Luego simplemente dije: "Me siento muy honrado".

Estuve muy callado durante el resto del desayuno. Estaba empezando a comprender que este bebé, y otros futuros bebés que llegarían a nuestras vidas, iban a cambiar drásticamente la naturaleza de nuestra familia. Por otro lado, cuanto más pensaba en que este niñito llevaría mi nombre, más me daba cuenta de que esto era un sueño hecho realidad. No solo porque iba a llevar mi nombre, sino también porque este bebé representaba una nueva oportunidad para Cathy y para mí de invertir en transformar a las generaciones venideras.

Ella y yo nos llamamos a nosotros mismos "la generación de transición". Reconocemos la verdad bíblica de que somos herederos tanto de los errores como de la sabiduría, de los pecados como de la gracia, de todas las generaciones anteriores. Por eso, durante el primer año de nuestro matrimonio nos decidimos a *recuperarnos de*, en lugar de *repetir* las lamentables elecciones y los patrones de comportamiento disfuncionales de las generaciones pasadas. Elegimos ser la generación de transición para darles a nuestras hijas una base aún más sólida que aquella con la que habíamos crecido nosotros. Y tras el nacimiento del dulce bebé James, decidimos que queríamos que esa transición continuara y pasara a otra generación más. Mucho después de que me haya ido, y mucho después de que mis descendientes lejanos hayan olvidado mi nombre, habrá generaciones que estarán orientadas en una mejor dirección. ¿Acaso no es ese el legado que todos queremos dejar?

Ahora voy a hacerte una pregunta: ¿conoces tú los nombres de tus tatarabuelos? La mayoría de las personas a las que les pregunto lo piensan por un momento, y luego me confiesan que no tienen ni idea. Lo increíblemente loco de esa pregunta es que esas generaciones pasadas sí han tenido una influencia sobre ti. Tú obtuviste tu ADN de ellos, y eres quién eres en parte debido a algunas de las decisiones que ellos tomaron. Y así como las generaciones pasadas tuvieron un impacto sobre tu vida, así también tu influencia sobre tus nietos puede desempeñar un papel importantísimo en sus vidas y en las de las generaciones por venir. Este es el momento de involucrarte en el increíble papel que Dios te ha dado y marcar esa diferencia. Aun si no recuerdan tu nombre, las generaciones futuras se alegrarán de que lo hayas hecho.

Ahora que disfrutamos tanto de nuestros nietos tengo más conciencia de aquellos que, por diversas causas, no tienen esta posibilidad y privilegio. Hay muchos abuelos, tal vez lector tú eres uno de ellos, que tienen vetado el acceso a sus nietos, sea por divorcios dolorosos y traumáticos o sea porque los padres les impiden el acceso a los mismos. No puedo imaginar el dolor que eso debe producir. Sólo puedo decir que, a pesar de que las circunstancias puedan evitar el contacto físico no pueden evitar el espiritual. Habrá ocasiones en que lo único que podamos hacer por nuestros nietos es orar por ellos. ¡No es poca cosa, no lo menospreciemos, no perdamos la perspectiva de lo que el Señor puede hacer por medio de nuestra intercesión! Al mismo tiempo, tal vez Él será el único que podrá comprender y aliviar nuestro dolor.

EPÍLOGO

No pude evitar reírme cuando leí el titular: "Padres ganan juicio para sacar a su hijo de 30 años de edad de su casa". Yo conocía casos de padres que habían tenido que luchar para que sus hijos se mudaran, pero esta era la primera vez que escuchaba que alguien emprendiera acciones legales para lograrlo. Durante un par de semanas, esta épica historia sobre un terrible fracaso para despegar fue el tema de todos los programas de entrevistas en la televisión y de todas conversaciones alrededor del dispensador de agua en la oficina. Cuanto más lo investigaba, más se parecía a una novela dramática.

Estos padres habían hecho todo lo posible por ayudar a su hijo cuando este perdió su trabajo, ofreciéndole estadía gratuita por un corto tiempo para ayudarlo a recuperarse. El problema era que todo esto había sucedido siete años atrás. El hijo se había aprovechado de la generosidad de sus padres y no había aceptado ninguna responsabilidad a cambio. En la corte se reveló que el hijo nunca había ayudado en la casa ni tampoco contribuía financieramente. Sus padres incluso se ofrecieron a pagar los dos primeros meses de alquiler para que se mudara a un apartamento. ¡Yo diría que este era un muchacho muy malcriado! Finalmente ellos decidieron enviarle una serie de avisos de desalojo y luego, como último recurso, llevaron a su hijo a juicio. El juez les dio la razón a los padres y desalojó al hijo.

Por supuesto, no imagino que esta pueda llegar a ser alguna vez tu historia, aunque realmente sí me preocupa el futuro de esa familia. Esta historia, que llegó a aparecer en las noticias nacionales e incluso internacionales, nunca debería haber ocurrido. Tanto el hijo como sus padres podrían haberlo evitado. Los padres tendrían que haberle dado un poco de amor firme a su hijo, estableciendo algunos límites importantes mucho antes de llegar a esta situación, y el hijo tendría que haber actuado como un adulto, asumiendo algo de responsabilidad y marchándose de la casa sin necesidad de que sus padres tuvieran que recurrir a la justicia. Si tú y yo estuviéramos sentados en Starbucks hablando sobre esta situación tan extraña, estoy seguro de que podríamos pensar en algunos buenos consejos para darles a esos padres, y que podrían haber cambiado su situación. Esto es lo que creo que yo les sugeriría, tanto a ellos como a todos los demás padres cuyos hijos están teniendo dificultades para despegar:

Desarrolla un plan bien pensado. Muy pocas empresas tienen éxito sin seguir un plan de negocios. Lo mismo ocurre con la crianza de los hijos. Tener un plan y una estrategia *antes* de que surjan los problemas te impedirá ser un padre guiado por las circunstancias y el azar. Si estás casado, un plan también ayudará a que tú y tu cónyuge se mantengan en sintonía.

Sé padre dentro de una comunidad, no en una isla. No estamos destinados a ser padres de manera aislada. Cathy y yo, por ejemplo, contamos con una comunidad de relaciones reparadoras al participar en un grupo pequeño en nuestra iglesia. Durante los últimos quince años, yo también he sido parte de un grupo con otros cinco hombres. Nos reunimos todos los martes por la mañana, y su sabiduría y sus consejos han moldeado mis habilidades como padre, y ahora como abuelo, más que cualquier libro que haya leído. Estar en una comunidad auténtica significa que puedes mostrarte vulnerable y ser honesto acerca de tus luchas, preguntas e inquietudes. ¿Tienes personas así en tu vida, con las que puedes reunirte de manera regular? ¿Tienes un grupo de apoyo con gente que te alentará y al mismo tiempo te brindará la saludable oportunidad de rendir cuentas cuando sea necesario? Si no tienes personas así, te animo a que las busques. ¡Toma la iniciativa de crear un grupo como este si no existe! Puedes comenzar invitando a algunos que tengan hijos grandes a leer este libro, y tal vez a reunirse para conversar sobre las preguntas que aparecen al final. Pronto descubrirás que no estás solo en tus experiencias.

Practica los principios de este libro, pero ten en cuenta que la vida es complicada. Los nueve principios que te compartí a lo largo de este libro pueden transformar tu vida, y yo sé que funcionan. El problema es que a veces, cuando intentamos ponerlos en práctica, nos encontramos con obstáculos imprevistos. Eso es normal. Tú sigues siendo humano, y tus hijos también. Pero el hecho de que los principios no sean a prueba de fallas no significa que no funcionen. Pocas cosas en la vida funcionan siempre a la perfección, y las relaciones no son la excepción. Así que concédete gracia y sigue adelante.

Confía en que Dios está de tu lado. Dios quiere lo mejor para ti y para tu familia. Él no promete hacer desaparecer todos tus problemas, pero sí promete caminar contigo a través de las pruebas y los momentos difíciles de la vida. Cuando yo estoy en sintonía con Dios, cuando me esfuerzo por vivir como a Él le agrada, es mucho más probable que escuche su voz suave y apacible. No es una voz audible, sino algo como un susurro, o una intuición, que siempre me deja con la hermosa sensación de que Dios está cerca. Tenemos la opción de vivir la vida y de ser padres con o sin la ayuda de Dios. Como Él es el autor y el creador de la vida, yo elijo confiar en Él, manteniéndolo a Él y a sus principios cerca de mi corazón. Espero que tú tomes esa misma decisión.

Ahora que este libro llega a su fin, desearía que pudiéramos compartir esa taza de café juntos para poder escuchar tus experiencias y aprender de tus ideas. Mi esperanza y mi oración son que este material te anime y te desafíe en esta travesía de lograr vínculos sanos con tus hijos grandes mientras se independizan.

¿Recuerdas esa vez que me desperté a las 2:30 a.m. y descubrí que Cathy estaba acostada con los ojos abiertos, preocupándose por una de nuestras hijas que ya era grande? Eso todavía sucede a veces, aunque no tan seguido como antes. Justo esta semana, un día me desperté en medio de la noche y me encontré a Cathy acostada junto a mí, completamente despierta.

"¿Estás bien?", le pregunté.

"Sí", dijo ella con una sonrisa.

"¿Estás preocupada por las niñas?", le pregunté.

"No", respondió ella, y sonrió de nuevo. "Simplemente no podía dormir. Tal vez fue la salsa de los espaguetis".

"Bueno, prefiero que estés despierta por culpa de una deliciosa comida y no por preocupaciones sobre alguna de nuestras hijas o nietos", le dije.

"Al menos en este momento, todo está bien", contestó Cathy, y dándome una suave palmadita en la mano agregó: "Puedes volver a dormirte".

En *e625.com/extras* encontrarás para cada capítulo **Preguntas para la reflexión personal o para conversar en grupos pequeños.**

NOTAS

1. Judith Viorst. *Necessary Losses: The Loves, Illusions, Dependencies, and Impossible Expectations That All of Us Have to Give Up in Order to Grow* [Pérdidas necesarias: Los amores, las ilusiones, las dependencias y las expectativas imposibles a las que todos tenemos que renunciar para poder crecer]. Nueva York. Fireside, 1998, p.210.

2. Jim Burns. *10 Building Blocks for a Solid Family* [Diez elementos básicos para una familia sólida]. Ventura, CA. Regal, 2010.

3. Jane Isay. *Walking on Eggshells: Navigating the Delicate Relationship between Adult Children and Parents* [Caminando sobre cáscaras de huevo: Navegando a través de la delicada relación entre hijos adultos y padres]. New York. Doubleday, 2007, p.87.

4. Ronald J. Greer. *Now That They Are Grown: Successfully Parenting Your Adult Children* [Ahora que han crecido: Cómo criar con éxito a tus hijos adultos]. Nashville. Abingdon, 2012, p.42.

5. Ruth Graham ha hablado y escrito mucho sobre su vida. Para obtener más información, visita www.ruthgraham.com.

6. Jeffrey Arnett. *Emerging Adulthood: The Winding Road from the Late Teens through the Twenties* [Adultez emergente: El sinuoso camino desde los últimos años de la adolescencia hasta los veintitantos]. New York. Oxford Univ. Press, 2015, p.8.

7. *"Cohabitation in the United States"* [Cohabitación en los Estados Unidos]. Wikipedia, bit.ly/3UhGhyL.

8. Wendy D. Manning. *"Trends in Cohabitation: Over Twenty Years of Change, 1987–2010"* [Tendencias en la cohabitación: más de veinte años de cambios, 1987-2010]. National Center for Family and Marriage Research.

9. Glenn Stanton. *The Ring Makes All the Difference* [El anillo hace toda la diferencia]. Chicago. Moody, 2011, p.61.

10. Glenn Stanton. *The Ring Makes All the Difference*, p.47.

11. George Barna. *Gen Z: The Culture, Beliefs and Motivations Shaping the Next Generation* [Generación Z: La cultura, creencias y motivaciones que están moldeando a la próxima generación]. Venture, CA. Barna Books, 2018, p.25.

12. David Kinnaman y Gabe Lyons. *unChristian: What a New Generation Really Thinks about Christianity... and Why It Matters* [desCristiano: Lo que una nueva generación realmente piensa sobre el cristianismo... y por qué es importante]. Grand Rapids. Baker, 2012, p.26.

13. Kara Powell, Jake Mulder y Brad Griffin. *Growing Young: Six Essential Strategies to Help Young People Discover and Love Your Church* [Creciendo jóvenes: Seis estrategias esenciales para ayudar a los jóvenes a descubrir y a amar tu iglesia]. Grand Rapids. Baker, 2016, p.43.

14. Fundación Hazelden Betty Ford. *"What Is Enabling?"* [Qué es ser permisivo]. bit.ly/48TqSJs.

15. Allison Bottke. *Setting Boundaries with Your Adult Children* [Estableciendo límites con tus hijos adultos]. Eugene, OR. Harvest House, 2008, p.39.

16. John Townsend. *The Entitlement Cure: Finding Success in Doing Hard Things the Right Way* [La cura para el "creer que tengo derechos": Cómo encontrar el éxito al hacer las cosas difíciles de la manera correcta]. Grand Rapids. Zondervan, 2015, p.50.

17. Optimum Performance Institute. *"Connection between an Enabling Parent and a Child's Failure to Launch"* [La conexión entre un padre permisivo y el fracaso de un hijo para despegar]. 31 de julio de 2014, bit.ly/3udILDB

18. Henry Cloud y John Townsend. *Boundaries, Updated and Expanded Edition: When to Say Yes, How to Say No to Take Control of Your Life* [Límites, Edición actualizada y ampliada: Cuándo decir sí y cómo decir no para tomar el control de tu vida]. Grand Rapids. Zondervan, 2017, p.68.

19. Jim Burns y Jeremy Lee. *Pass It On: Building a Legacy of Faith for Your Children through Practical and Memorable Experiences* [Pásalo: Construyendo un legado de fe para tus hijos a través de experiencias prácticas y memorables]. Colorado Springs. Cook, 2015.

20. HomeWord.com es una excelente fuente de recursos para ti y para tus hijos adultos. (Por el momento solo disponibles en inglés).

21. Jeffrey Jensen Arnett y Joseph Schwab. *"The Clark University Poll of Parents of Emerging Adults: Parents and Their Grown Kids; Harmony, Support, and (Occasional) Conflict"* [Encuesta a padres de adultos emergentes de la Universidad de Clark: Padres y sus hijos adultos; Armonía, apoyo y −ocasionalmente− conflicto]. Clark University, septiembre de 2013, bit.ly/4bgvDhs.

22. Ron y Judy Blue. *Money Matters for Parents and Their Kids* [Cuestiones de dinero para padres y sus hijos]. Nashville. Thomas Nelson, 1988, p.47.

23. Tae Kim. *"Total US Household Debt Soars to Record above $13 Trillion"* [La deuda total de los hogares estadounidenses se dispara hasta alcanzar un récord superior a $13 billones]. CNBC, 13 de febrero de 2018.

24. Maurie Backman. *"Here's a Breakdown of the Average American's Household Debt"* [Un desglose de la deuda de los hogares estadounidenses promedio]. The Motley Fool, 24 de diciembre de 2017.

25. Tim Kimmel y Darcy Kimmel. *Extreme Grandparenting: The Ride of Your Life!* [Abuelos al extremo: ¡La mejor aventura de tu vida!]. Carol Stream, IL. Tyndale, 2007, p.66.

26. La aplicación Parent Cue está disponible en Google Play, App Store, y en línea.

27. Tim Kimmel y Darcy Kimmel. *Extreme Grandparenting*, p.150.

28. Quiero aclarar que estos no son los consejos que le daría a ninguno de los más de 2,7 millones de abuelos que están criando a sus nietos. Sea por la razón que sea, la realidad es que ahora tú estás a cargo. Quiero decirte que tu sacrificio es muy admirable. Y sí, sigues siendo su abuelo o su abuela, pero tu rol debe cambiar ya que ahora eres también el "adulto a cargo".

Suscripción de **materiales premium** para iglesias

Recursos gratis

Tienda con envíos internacionales

Chat en tiempo real

Revista Líder 6.25

FAMILIAS + IGLESIAS SANAS + FUERTES

PASTORES **NIÑOS**

Educación online **www.institutoe625.com**

Libros Online

Seminarios para iglesias locales

Eventos de **actualización** ministerial

e625.com
TE AYUDA
TODO EL AÑO

INSTITUTO e625

CAPACITACIÓN Y ACTUALIZACIÓN MINISTERIAL ONLINE DE NIVEL UNIVERSITARIO

SIGAMOS CRECIENDO JUNTOS

WWW.
INSTITUTOe625.
COM

SITIO WEB RENOVADO

WWW.
INSTITUTOe625.
COM